世界一美味しい

「プロの手抜き和食」安部ごはん

ベスト102レシピ

「食品のプロ」が
15年かけて考案!
「魔法の調味料」で
本気の時短!
しかも無添加102品!

安部 司【著】
タカコ ナカムラ【料理】

東洋経済新報社

はじめに

「プロの手抜き」で、和食が驚くほど簡単に超時短で作れる!

「魔法の調味料」さえあれば、やる気ゼロの日も最速で完成!

「和食」は難しい？

『食品の裏側』を書いてから15年余が経ちました。

私たちの日々食べる食品にどれだけの食品添加物が使われているか、そしてそれがいかに日本の食文化を侵食しているかについて訴えた『食品の裏側』は、私自身も驚くほどの売れ行きで、70万部を突破するベストセラーになり、いまも版を重ねています。

本が爆発的に売れるのと同時に、私は講演会、食育セミナーに呼ばれるようになり、全国を飛び回ることとなりました。

そこで子どもを持つ保護者の方々から、必ずといっていいほど聞かれる質問がありました。それは**「では何を食べればいいですか？」「自分はまだしも、子どもたちには何を食べさせればいいのですか？」**というものです。

それに対する私の答えは、決まっていました。

「和食です。ごく普通の手作りの和食を食べさせてください」

何度、こう答えたかわかりません。

ところが、そこでまた必ずといっていいほど返ってくるのが、**「和食は作るのが面倒なんです……」**という言葉でした。

「だしのとり方がわからない」「洗いものが増えて、後片付けが大変」「献立が難しそう」「味付けの基本がわからない」という声も、じつによく聞きました。

そこで初めて気がついたのは、**「家庭で『手間のかかる料理』が作られなくなっている」**という事実でした。

「ごく普通の和食を作ってください」という私の答えは、答えになっていなかったのです。このことは私にとって、少なからずショックなことでした。

「おにぎりってこんなにおいしいんだね」温かいおにぎりを初めて食べた子ども

ポンと入れるだけでOKな「○○の素」や「レトルトの合わせ調味料」がもてはやされ、「中食」と呼ばれる出来合いの惣菜が爆発的な売れ行きを見せています。

人気料理家も「だしの素」や「化学調味料（うま味調味料）」を使ったレシピを堂々と披露するご時世です。

ある保育園の食育講座で、こんな衝撃的なシーンを目にしました。

講座で作った「おかか入りのおにぎり」を食べた5歳の子どもが**「おにぎりってこんなにおいしいんだね」**と感動しているのを、保育士さんが「よかったね」と言って抱きしめて泣いているのです。**その子は「手作りの温かいおにぎり」を食べたのが生まれて初めてだった**というのです。

おにぎりもみそ汁も家庭で手作りされなくなり、コンビニや市販品に取って代わられている事実がそこにありました。「ごく普通の和食」さえ、日常的に作るのは難易度の高い料理となっているのです。

自らレシピ開発に乗り出した理由

「これは大変なことになっている……」

危機感を覚えた私は、自らレシピの開発に乗り出すことにしました。

とはいえ、昔ながらの手間のかかる作り方では、誰も振り向いてくれません。手間暇をかければ本当においしいものはできるけれど、それは「職人の技」の世界になってしまうし、家庭料理には不向きです。

どうすれば「手抜きでも本物の味を再現できるか」が最大のポイントであり、最大の難点でもありました。

しかし私には「秘密兵器」がありました。それは、ほかならぬ私自身の「舌」です。

私が食品添加物の専門商社でトップセールスマンだった話は『食品の裏側』に詳しく書いていますが、添加物の商社時代には、添加物そのものだけでなく、「添加物を使った加工食品」も開発し、有力な商品として販売していました。

当時あわせて300品目超を世に出しました。「濃厚だし」「業務用の煮物」「味塩こしょう」など、大ヒットとなった商品もたくさんあります。

これらをどうやって開発するかというと、**高級料理店を食べ歩いて舌で味を覚えたり、人気料理研究家のレシピを研究したりして、徹底的に「自分の舌」で「味の組成」を分析する**のです。

そして、その「味の秘密」を一つひとつ、「添加物で置き換えていく」という作業を行います。

こうすれば安い材料でも添加物で見事においしくなって、元の10分の1の値段で商品が作れるのです。たとえば、ハンバーグなどは1個6円で作っていました。

自ら「日本の食文化の崩壊」に手を染めていたわけで、いまとなっては消し去りたい過去ですが、このときの経験が活きました。**「味の組成」「レシピのポイント」が完璧にわかるので、その味を一つひとつ「家庭で作れるもの」に置き換えることができる**のです。

こうやって開発したのが、本書で提案する5つの「魔法の調味料」と、それを使ったレシピの数々です。『食品の裏側』から編集を担当してくれている中里有吾編集長が絶賛してくれた「魔法の焼肉タレ」(32ページ)も、私が**高級店で食べた焼肉のタレの味を「舌」で一つひとつ分解し、再現したもの**です。

同じくこの本を一緒に担当してくれた田中順子さんが感動した「ザ・和風ハンバーグ」(23ページ)では、ふつうハンバーグを作るときには「パン粉」を使いますが、代わりに「お麩」を使うレシピになっています。それは、**お麩を使ったほうが水分をよく吸収し、冷凍してパテにしたときに水っぽくならず、つくりおきしてもおいしいから**です。市販のパン粉によく含まれている食品添加物もとらずにすみます。そういう**「食品のプロ」のスキルも、本書のレシピにはふんだんに入っています。**

「手抜きしつつ、でもプロ並みの味が出せる」のが、このレシピの最大のポイントです。

食品添加物の味でごまかされない「ホンモノの味」をきちんと楽しめる**世界一美味しい「プロの手抜き和食」**だと自負しています。

5つの「魔法の調味料」とは？

5つの「魔法の調味料」とは、これさえ準備しておけば、誰でも驚くほど簡単に失敗なく、おいしい「和食」が作れるというもの。いわば、**「無添加＋超時短和食」**です。

その5つが以下のものです。

1 かえし
2 みりん酒（ざけ）
3 甘酢
4 甘みそ
5 たまねぎ酢

この5つこそは私がこの業界に入って**48年の経験から作り上げた「自慢の黄金比率」**です。

最大の利点は、この**「魔法の調味料」を入れるだけで、ひと手間かけたような、複雑な味わいと、長時間調理したような深みが出る**ことです。

しかも、**すべて10分以内で準備ができて、保存もききます。**

この5つの「魔法の調味料」さえあれば、和食はいっきに「時短料理」に早変わりします。忙しい日でも、おいしくて体によく、満足感のある「本格料理」が作れるのです。いわば**「究極のインスタント和食」**です。

また、冷蔵庫にあるものでさっと作れるものばかりですから、**「フードロス解消」につながり、お財布にもやさしい。**

さらにいえば、これらの材料となるみそ、しょうゆ、お酢、みりんなどの調味料は「発酵食品」です。「発酵食品」は、料理に旨味や深みが加わるのはもちろん、「健康維持」や「免疫力アップ」が期待できると注目されている食品です。

つまり、

- 簡単、時短、ムダがない
- 免疫力アップで、健康維持に役立ち、体にいい
- 海の幸、山の幸、大地の幸の素材が活きるから、おいしい
- 節約、フードロスの解消

と、いいことづくめの調味料です。だから「魔法」なのです。

この本では、『食品の裏側』を発売してから**15年のあいだに書き溜めた膨大なレシピノートの中から、「魔法の調味料」そのものを含めて「すごく便利」「本当においしい」と自信のあるものだけを102品厳選して紹介**しています。

これら102品は、私の家族や友人をはじめ、全国食育活動の中で多くの方にご好評いただいたもの、子どもたちが一緒に作って「すごく便利！」「本当においしい！」と絶賛してくれたものばかりです。

「和食」のきほん、「だし」のとり方や、持っておきたい調理器具、作っておくと便利な常備食、料理の仕上がりをワンランク上げる薬味などの保存方法についても、この本では紹介しています。

料理はがんばるものでも、ノルマでもありません。

家族が笑顔で「おいしい」と言ってくれることが、「よろこび＝幸せ」につながります。「ありがとう」の感謝の言葉になります。**料理を、食事と同じくらい楽しんでみてください。**

本書を通じて、日本の伝統調味料や「和食」のすばらしさを知っていただくとともに、みなさまの健康維持や豊かな食生活づくりに役立てていただければ幸いです。

CONTENTS

第3章

えっ、こんなに簡単？ いますぐ食べたい！

みんな大好き！ 究極の「肉」レシピ

第4章

超ヘルシー！ ダイエットにも最適！

全部15分以内でできる！ ラクラク「魚」レシピ

第5章

たっぷりとれる！
これなら子どもも食べられる！

つくりおきにも最適！「野菜」レシピ

第6章

のっけごはん 丼 混ぜごはん

日本人なら大好き！「ごはんもの」レシピ

第7章

ササッとすませたい日もある！

毎日食べたい！「麺」レシピ

第8章

酒好きのプロが、本気で考案！

お酒がすすむ！「減塩おつまみ」レシピ

第9章

料理のレパートリーが広がる!

手作り「だし旨酢」でヘルシー料理がパパッと完成!

第10章

まとめて作って、最高の副菜に!

「保存食と常備菜」レシピ

本書の使い方

より便利に使っていただくために、調理のポイントや所要時間などを
アイコンで表示しています。「魔法の調味料」のうち、
どれを使って作るかも一目でわかるようになっています。
本書を楽しく活用して、毎日の献立に役立ててくださいね！

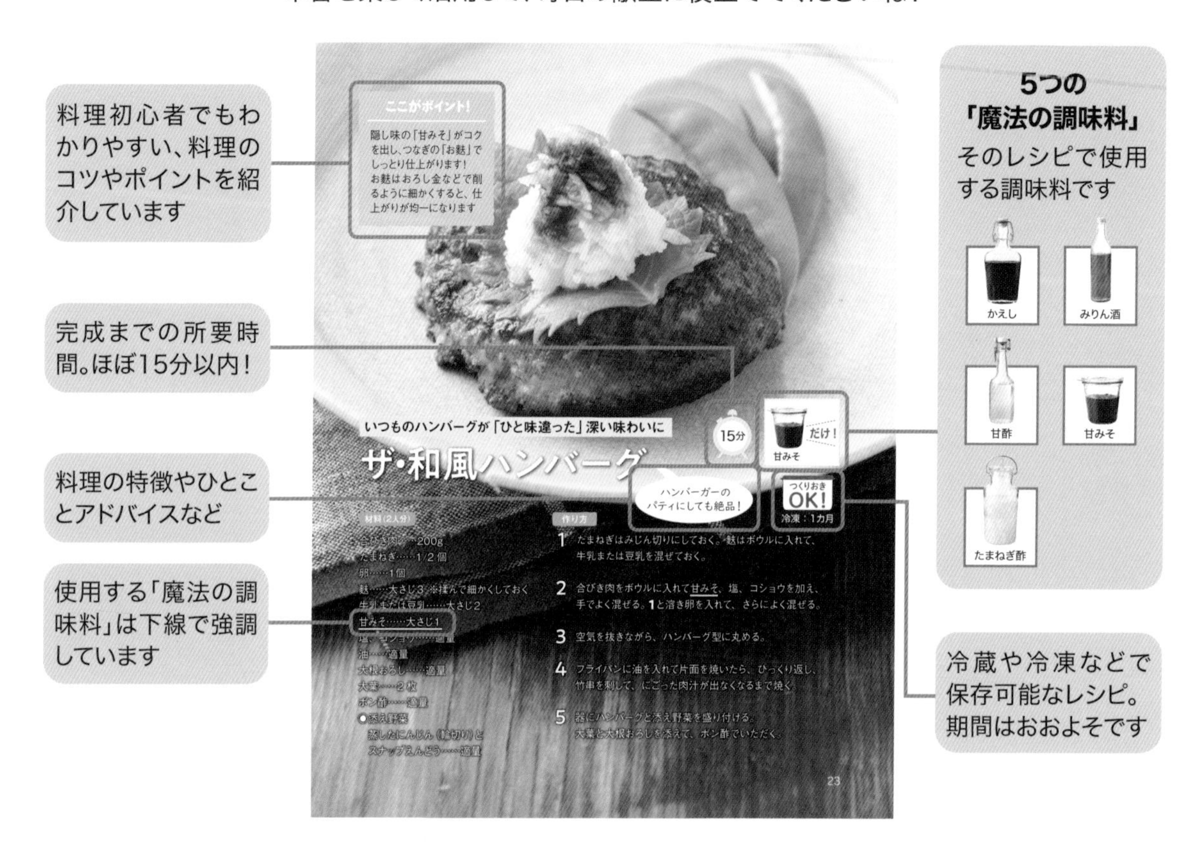

《準備するもの》 まずは次の材料を準備！

しょうゆ　砂糖　みそ　純米酒　本みりん　お酢　たまねぎ

「魔法の調味料」の作り方は、第1章へ！

※料理の一部には洋食や中華などをもとにしたものもありますが、すべて日本古来の調味料で作った「魔法の調味料」を使ったレシピにアレンジしているので、「和食」のカテゴリとしました。

第1章

＼ たった5つでOK! ／

「魔法の調味料」の作り方

まずはこの本のレシピで使う「魔法の調味料」を紹介します。
コツは、添加物の入っていない、本当に「おいしい」と感じる調味料を使うこと。
これさえあれば、あらゆる料理が驚くほどおいしく手軽に作れます!

5つの「魔法の調味料」

3 甘酢
1 かえし
2 みりん酒
5 たまねぎ酢
4 甘みそ

\\必要なのは、たったこれだけ！//

この5つで、食べたかった「あの料理」がおいしく作れる！

1 かえし

しょうゆと砂糖を合わせて、砂糖が溶けたら完成です。「和の味付け」はこれがベースになります。これを常備しておけば時短にもなり、驚くほど簡単に和食の味が決まります。「かえし」だけで作れるメニューもたくさんあります！

料理例 肉じゃが 親子丼 ブリの照り焼き 鯛茶漬け おひたし　など

2 みりん酒

煮物などに「上品な甘味と風味」を加えたいときに使うのが「みりん酒」です。砂糖とは違う「発酵調味料」ならではのまろやかな味わいは、まさに「和食の醍醐味」です！

料理例 魚の西京焼き だし巻き卵 煮豚 鯛の煮付け　など

3 甘酢

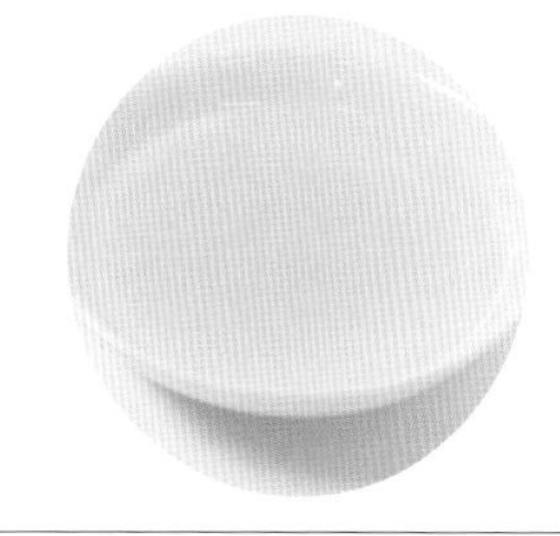

大人も子どもも大好きな「甘酸っぱい味」が料理に加わります。こってりした料理に少し加えるとさっぱり食べられるので、箸がどんどんすすみます！

料理例 鶏天 アジの南蛮漬け 寿司 コールスロー 天津飯　など

4 甘みそ

みそのこっくりした旨味と渋味が、料理に深みを出します。そのまま使うのはもちろん、肉料理などの「隠し味」にも最適です。いろいろな料理に使える万能調味料です！

料理例 和風ハンバーグ 麻婆豆腐 みそカツ なめろう じゃじゃ麺　など

5 たまねぎ酢

材料を合わせて、寝かせるだけ！　みじん切りにしたたまねぎを使うので変色しにくく、たまねぎの辛味も活きてきます。通常は上澄みを使いますが、料理の種類やお好みで、たまねぎのツブツブごと入れてもおいしいですよ。

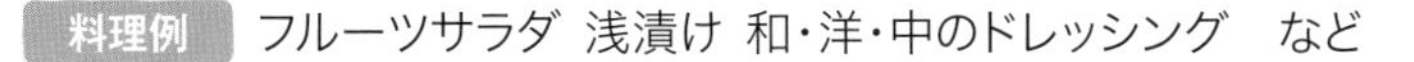

料理例 フルーツサラダ 浅漬け 和・洋・中のドレッシング　など

5つの「魔法の調味料」の作り方

まずは5つの「魔法の調味料」を準備しましょう。
どれも5〜10分で簡単に作れるので、料理初心者でも大丈夫！
ここで使う調味料については、20ページのコラムを参照してくださいね。
期限内でも早めに使い切るのがおいしいコツです！

1 かえし

5分　常温で3カ月保存可能！

材料　＊作りやすい量

しょうゆ……100ml
（または 500ml）
砂糖……30g（または 150g）

作り方　※寝かせる時間は除く

蓋付きの保存瓶やペットボトルなどに
砂糖としょうゆを入れ、常温で1週間ほどおくだけ。
ときどきふると、早く溶ける。
さらに急ぐ人は 50℃ほどの湯せんで溶かす。

ここがポイント！
砂糖が溶けたらすぐに使用できますが、1週間ほど寝かせると、より熟成した味になります！

2 みりん酒

5分　常温で1カ月保存可能！

材料　＊作りやすい量

本みりん……200ml
純米酒……100ml

作り方

1. 鍋にみりん、酒を入れて、中火で沸騰させる。
2. 沸騰したら弱火にして、ツンとしたにおいが弱まるまで、フツフツと煮る。
3. 粗熱がとれたら、ペットボトルや蓋付きの保存瓶に入れて保存する。

ここがポイント！
煮立てすぎないのが、風味を損なわないポイントです！

③ 甘酢

5分

常温で３カ月保存可能！

材料 ＊作りやすい量

米酢……100ml
砂糖……70g

作り方

1 鍋に米酢を入れて、中火で加熱する。沸騰したら火を止め、砂糖を溶かし込む。

2 粗熱がとれたら、ペットボトルや蓋付きの保存瓶に入れて保存する。

ここがポイント！

お酢のツンとしたにおいを飛ばしてから砂糖を溶かし込むと、やさしい味に仕上がります！

④ 甘みそ

5分

常温で３カ月保存可能！

材料 ＊作りやすい量

みそ……100g
　※みその選び方は82ページ参照
②のみりん酒……30ml
砂糖……20g
①のかえし……小さじ１

作り方

鍋にみそ、みりん酒、砂糖、かえしを入れて、弱火で焦がさないように、ヘラなどでかき回してペースト状になるまで加熱する。

ここがポイント！

お好みで、紹興酒小さじ1を入れると、風味がよくなり、より深い味わいになります！

⑤ たまねぎ酢

5分

冷蔵庫で１カ月保存可能！

材料 ＊作りやすい量

たまねぎ（みじん切り）
　……1/2個（約100g）
りんご酢……200ml

作り方 ※寝かせる時間は除く

広口瓶などに材料を入れて、蓋をして冷蔵庫でひと晩寝かせる。翌日から使える。

ここがポイント！

りんご酢の分量の1/3をみりんにすると、よりやさしい味になります！

Column 01

まずは知っておきたい！

和食に欠かせない「伝統調味料」

本当においしい調味料は、じっくり時間をかけて作られます。ふだん何気なく使っている身近な調味料でも、じつは奥が深いものです。
同じ名称でも製法や価格が違うので、「正しい選び方」をぜひ知っておいてくださいね。

しょうゆ

和食に使う調味料といえば、多くの人がまず思い浮かべる「しょうゆ」。
しょうゆは本来、手間と時間をかけて造られるもの。「丸大豆しょうゆ」とあっても、安価なものは大豆を粉砕して醸造期間を短縮して造った（速醸）ものです。
原材料の表示に「アルコール」「調味料（アミノ酸等）」などが書かれていない「大豆、小麦、食塩」のみのシンプルな表示のものを選ぶのが正解です。

しょうゆをテイスティングしてみよう！
しょうゆ大さじ1を1カップの水で割ってテイスティングしてみると、味の違いがよくわかります。

塩

「原料」「濃縮法」「結晶化の方法」などの違いにより、数多くの種類があります。値段もピンからキリまで。これを舌で判別するのは、至難の業。まろやかなのは伝統的な「海水塩」です。「発酵」に使うのはミネラルが多く含まれるものがよく、肉類などには岩塩が合います。

砂糖

私はよく「砂糖は嗜好品」と言っています。つまり、「目的に合わせて選ぶ」のが正しい使い方なのです。
煮物にはきび砂糖など精製前の「原料糖」、上品な甘味を求めるなら「上白糖」。大根に似た植物「てんさい」からとるベージュ色の「てんさい糖」は、まろやかな甘さなので、煮物や照り焼きなどに向いています。

酒

本書で使用するのは、醸造アルコールを添加せず、米と米麹、水だけが原料の「純米酒」です。
米の旨味や深いコクをいちばん味わえるからです。乳酸などを主成分としたさわやかな酸味があり、料理の味を引き締め、後味がすっきりとします。

酢

お酢もピンからキリまであります。安価な穀物酢は醸造アルコールが原料に添加されているものが多く、時間をかけて造ったお酢とは、風味がまったく違います。
料理によく使うのは米酢などの「穀物酢」、ドレッシングなどはりんご酢などの「果実酢」が向いています。

みりん

伝統的な製法のみりんがおすすめ。みりん風調味料、発酵調味料みりんタイプは似て非なるものです。
純米みりん、本みりんであっても各メーカーによって原材料に違いがあります。原材料が「もち米、米麹、米焼酎」のシンプルなタイプが「伝統的本みりん」で、エキス分が多く含まれていて、おすすめです。

みそ

和食の代表的な料理「みそ汁」にそれぞれの家庭の味があるように、みそは地域性が強い「発酵食品」です。大きく分けると米・麦・豆の3つ（82ページのコラム参照）。
本書の「甘みそ」は、2年以上じっくり熟成させた色の濃い米みそまたは豆みそで作るのがおすすめです。
「減塩みそ」はつい使う量が増えがちなので要注意。添加物などが入っていない、原材料がシンプルなものを選びましょう。

第2章

プロ顔負け！　超絶おいしい！　食べて大感動！

＼絶対おすすめ！／

「ベスト10レシピ」

大人も子どもも大好き！　選りすぐりの「定番和食レシピ」を紹介します！
どれも5つの「魔法の調味料」を使って、忙しいときにもササッと作れるものばかり。
「隠し味」などの小ワザも効いていて、驚きのおいしさに仕上がります。

豪快に強火で煮るから、驚きの速さで完成！

爆速 肉じゃが

15分

かえし ＋ みりん酒 だけ！

面倒に思える煮物が
時短料理に！

ここがポイント！

強火でいっきに煮て、余熱で
味をしみ込ませるのがコツ！

材料（2人分）

じゃがいも（中）……4個
にんじん…… 1/2本
たまねぎ……1個
いんげん……4本
牛肉（切り落とし）……200g
かえし……大さじ4
みりん酒……大さじ2
水……200ml

作り方

1. じゃがいもは皮をむいて、ひと口大に切る。にんじんはいちょう切り、たまねぎはくし切りにする。いんげんはすじがあるものはとって3cmに切り、肉は5cmに切る。
2. 鍋にじゃがいもとにんじん、たまねぎを入れてその上に牛肉をおき、水を入れる。
3. かえし、みりん酒を加え、蓋をせず豪快に強火で煮て、煮汁が半分になったら、全体を混ぜる。
4. 最後にいんげんを入れて蓋をし、弱火で5分煮る。そのまましばらくおいて味をなじませたら完成。

ここがポイント！

隠し味の「甘みそ」がコクを出し、つなぎの「お麩」でしっとり仕上がります！
お麩はおろし金などで削るように細かくすると、仕上がりが均一になります

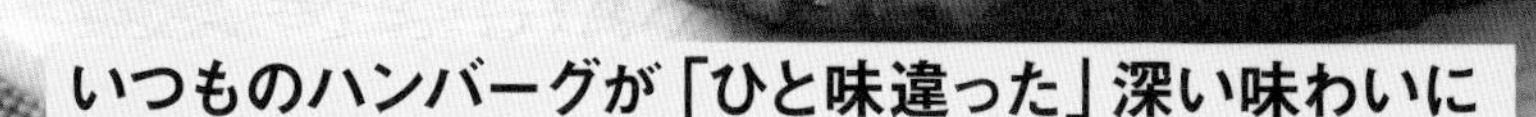

ザ・和風ハンバーグ

ハンバーガーの
パティにしても絶品！

冷凍：1カ月

材料（2人分）

合びき肉……200g
たまねぎ……1/2 個
卵……1個
麩……大さじ3 ※揉んで細かくしておく
牛乳または豆乳……大さじ2
甘みそ……大さじ1
塩、コショウ……適量
油……適量
大根おろし……適量
大葉……2 枚
ポン酢……適量
◎添え野菜
　蒸したにんじん（輪切り）と
　スナップえんどう……適量

作り方

1. たまねぎはみじん切りにしておく。麩はボウルに入れて、牛乳または豆乳を混ぜておく。
2. 合びき肉をボウルに入れて甘みそ、塩、コショウを加え、手でよく混ぜる。**1**と溶き卵を入れて、さらによく混ぜる。
3. 空気を抜きながら、ハンバーグ型に丸める。
4. フライパンに油を入れて片面を焼いたら、ひっくり返し、竹串を刺して、にごった肉汁が出なくなるまで焼く。
5. 器にハンバーグと添え野菜を盛り付ける。大葉と大根おろしを添えて、ポン酢でいただく。

ここがポイント！

ブリは、塩を少し入れたお湯にくぐらせることで臭みがとれます。タレを入れたらフライパンをゆすりすぎないこと！片栗粉を軽くまぶしてから焼くと、旨味を逃がさず、タレにツヤが出ます！

照りが食欲をそそる！
人気No.1和食魚レシピ！

魚料理の王道！やっぱり外せない！

ド定番のブリ照り

10分

かえし ＋ みりん酒 だけ！

材料（2人分）

ブリ（切り身）……2切
油……適量
◉タレ
　かえし……大さじ1
　みりん酒……大さじ1
大根おろし……適量
すだち……適量

作り方

1 ブリは3％の塩を入れた熱湯にさっとくぐらせて湯引きしておく。キッチンペーパーで水気をとる。

2 フライパンに油を入れて、ブリを入れて蓋をし、中火で両面を蒸し焼きにする。

3 ブリにしっかり火が通ったらフライパンの余分な油をキッチンペーパーで拭き取り、タレの材料を入れて、全体に絡める。

4 器に盛り付けて、大根おろしとすだちを添える。

卵を「ふわっと半熟」で仕上げるのがポイント

節約料理の定番
ふわとろ親子丼

「かえし」で、絶対失敗しない親子丼が完成!

5分

材料（2人分）

ごはん……2杯分
鶏もも肉……100g
卵……3個
たまねぎ……1/4個
三つ葉（ざく切り）……適量

◉ **A**
「和だし」……100ml
　※作り方は40ページ参照
かえし……大さじ2

作り方

1. 鶏肉は削ぎ切り、たまねぎは1cmほどのくし切りにしておく。
2. 鍋に、**A**を入れて沸かし、中火にして**1**を入れて煮る。
3. 溶いた卵を**2**に回し入れて、蓋をする。
4. 半熟状になったらすぐに火を止め、炊きたてのごはんの上にのせて、三つ葉を添える。

しつこくないから、大人も子どもも大好き！

さっぱり鶏天

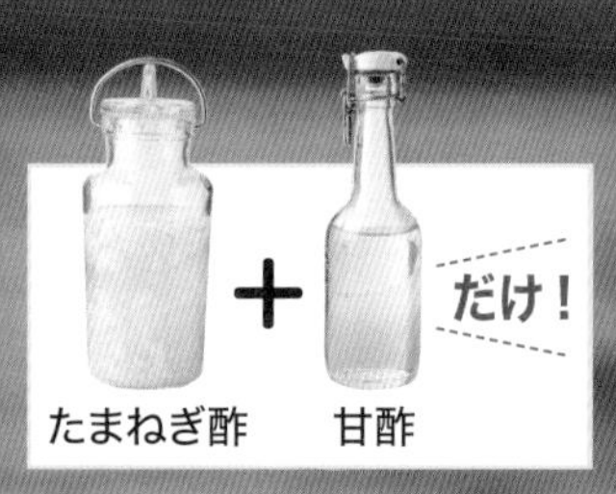

揚げ物に甘酢を絡ませて、さっぱりといただく

材料（2人分）

鶏ささみ肉……4枚

◎A
- 「お手軽オリジナル中華スパイス」……適量
  ※作り方は74ページ参照
- 酒……適量
- 塩、コショウ……適量

◎タレ
- たまねぎ酢（みじん切りの部分も使用）……大さじ2
- 甘酢……大さじ1

◎衣
- 卵……1/2個
- 小麦粉……大さじ2
- 片栗粉……大さじ2
- 水……25ml

揚げ油……適量

大葉（みじん切り）……適量

作り方

1 鶏ささみ肉は筋を取り除く。Aを混ぜて鶏肉に揉み込み、下味をつける。ボウルに、タレの材料を混ぜ合わせておく。

2 ボウルに衣の材料を入れて混ぜ合わせ、鶏肉に衣をつけて、180℃の油で揚げる。

3 器に盛り付けて、1のタレをかけ、大葉を散らす。

ここがポイント！

大分名物「鶏天」を食べやすくアレンジ！ 酸っぱすぎない「甘酢」を使うので、食べ飽きません！ 油の温度は「キッチン温度計」（90ページ参照）で簡単に測れます。揚げた状態で冷凍保存もできますよ

ここがポイント！

「かえし」に漬けて放置するだけ！ 鯛以外の魚のお刺身でも、おいしく作れます！

余った刺身を「づけ」にすれば、2度楽しめる！

2度目のごちそう 鯛茶漬け

※寝かせる時間は除く

お刺身に「かえし」の味がしっかりしみているので、凍ったままごはんにのせて熱々のだしをかけるだけ！

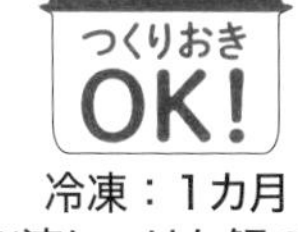

冷凍：1カ月
※液につけた鯛のみ

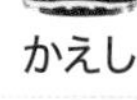

材料（2人分）

ごはん……2杯分
刺身用の鯛（スライス）……8～10切（80g）
白すりごま……小さじ1/2
「和だし」……400ml
※作り方は40ページ参照
かえし……大さじ2
三つ葉、わさび……適量

作り方

1 ファスナー式の袋に鯛を入れ、かえしと白すりごまを加える。空気を抜いて、密閉する。
冷蔵庫で20分以上、できればひと晩寝かせる。
※冷凍保存する場合は、平らにして冷凍すると解凍が速い

2 茶碗にごはんをよそい、鯛をのせる。好みで漬け汁もかける。

3 熱々の「和だし」を**2**にかける。
お好みで、三つ葉やわさびをのせる。

豆板醤の量を調節して、お好きな辛さで

後口が上品!
お好み麻婆豆腐

「甘みそ」と豆板醤は相性バツグン!「麻婆豆腐の素」を使わずに絶品の味が完成します!

15分

材料(2人分)

木綿豆腐……1丁
◉A
酒……大さじ2
しょうゆ……大さじ2
甘みそ……大さじ1
「カンタン和風豆板醤」……小さじ2
(お好みで調節)
※作り方は74ページ参照
水……200ml
ごま油……大さじ2
たまねぎ(みじん切り)……1/4個
にんにく(みじん切り)……1片
しょうが(みじん切り)……1片
長ネギ(みじん切り)……10cm
豚ひき肉・鶏ひき肉……各100g
片栗粉……小さじ1～2
※倍量の水で溶く
長ネギ(白い部分)……適量

作り方

1 豆腐は半分に切り、水気を切っておく。長ネギ(白い部分)を細い千切りにして、白髪ネギを作っておく。

2 ボウルにAの材料を入れて混ぜておく。

3 フライパンにごま油とにんにく、しょうがを入れて弱火にかけ、香りが出たら中火にしてたまねぎ、長ネギ(みじん切り)を入れて炒める。

4 肉を入れて炒め、Aを入れて味をつける。

5 豆腐を崩して入れ、水溶き片栗粉を加え、とろみをつける。

6 器に盛り付け、白髪ネギを飾る。

ここがポイント!

子ども用は、豆板醤を入れる前に取り分けておきましょう。中華料理のひき肉は「鶏1:豚1」が黄金比率です!

ここがポイント！

「甘酢」があれば、手間のかかる南蛮漬けも、簡単に作れます！ 熱々の甘酢ダレをかけると、野菜がしんなりして食べやすくなります！

お酢がツンとしないから、家族みんなが大好き！

アジの南蛮漬け マイルドVer.

揚げて「甘酢」に絡めるだけ！
簡単に作れるのがうれしい

15分

材料（2人分）

アジ（3枚おろし）……2尾
揚げ油……適量
小麦粉……適量
たまねぎ（薄切り）……1/2 個
にんじん（細切り）……1/4 本
かいわれ大根……適量
甘酢……100ml
輪切り唐辛子（お好みで）……適量

作り方

1. 鍋に甘酢、お好みで輪切り唐辛子を入れて、ひと煮立ちさせる。
2. 小骨を取り除いたアジを食べやすい大きさに切って小麦粉をまぶし、170℃の油で揚げる。揚がったら、器に盛り付けて、たまねぎ、にんじんをのせ、熱いうちに**1**のタレをかける。上に、かいわれ大根を飾る。

「豆乳＋春雨」だからヘルシー！
春雨の麺だから、するする食べられる！

これぞ和風シーフードヌードル！

超ヘルシー豆乳太平燕（タイピーエン）

10分

材料（2人分）

豚肉（コマ切れ）……80g
白菜……1枚
にんじん……1/4本
長ネギ……1/2本
冷凍シーフードミックス……100g
春雨……50g
ごま油……適量
◉スープ
水……300ml
無調整豆乳……100ml
かえし……大さじ1
塩、コショウ……適量
ゆで卵……1個

作り方

1 白菜は横に等分に切ったあと、繊維に沿って縦に切る。にんじんと長ネギは斜め薄切りにする。春雨はお湯で戻しておく。

2 中華鍋にごま油を入れて、強火で豚肉、シーフードミックスを炒め、野菜を加えて炒める。

3 **2**にスープの材料を入れて沸かし、塩、コショウで味をととのえ、春雨を入れて煮る。

4 器に盛り付けて、ゆで卵を半分に切ってのせる。

ここがポイント！

熊本名物「太平燕」を家庭で手軽に作れるようアレンジ！海鮮の旨味がスープに溶け込み、クセになる味わいです！

ここがポイント!

しょうがはスライスして冷凍保存しておくと、必要な分だけ取り出せて便利です！
※101ページ参照

「かえし」を使うから、味が決まる！

いつもの定番メニューがさらにおいしく、簡単に！

絶対失敗しない豚肉しょうが焼き

10分

材料（2人分）

豚ロース肉（切り落とし）…… 200g
たまねぎ……1/2 個
しょうが（すりおろし）……小さじ1
かえし……大さじ2
キャベツ……2 枚
油……大さじ1

作り方

1 たまねぎはくし切りにしておく。キャベツはザク切りにする。

2 フライパンに油を入れ、豚肉、キャベツ、たまねぎを入れて、肉に火が通るまで中火で炒める。

3 かえしとしょうがを加え、全体に絡める。器に盛り付けたら、完成。

＼＼ 本当はベスト10に入れたい！ //

お肉が10倍おいしくなる 大感動の焼肉タレ！

編集長（男性）が本気で大絶賛！
「だまされたと思って、一度作ってみてください。
簡単に作れて、真面目に感動します」

ドレッシングや「○○のタレ」で冷蔵庫の棚がいっぱいになっていませんか？
「魔法の調味料」を使えば、絶品のやみつき焼肉タレも簡単にできます。
さらにちょい足しで「お好みの味付け」にアレンジすれば、家族みんなの箸が止まらない！

コクがあるけど上品! 繊細! 教えたくない秘伝レシピ

本当は誰にも教えたくない 大感動 魔法の焼肉タレ

10分

きほんのタレ

材料

かえし……200ml
みりん酒……100ml
にんにく（すりおろし）……小さじ1/2
しょうが（すりおろし）……小さじ1/2
一味唐辛子……小さじ1/4
白ごま……適宜

作り方

1 鍋に白ごま以外の材料を入れてひと煮立ちさせ、白ごまを加える。

つくりおき OK！ 冷蔵庫で2週間保存可能！

お好みに合わせて簡単アレンジ！

りんごの酸味と甘味でまろやかに

まろやか りんごダレ

5分

冷蔵：1週間

材料

きほんのタレ……150ml
りんご（すりおろし）……1/4～1/2個分
白炒りごま……適量

作り方

1 鍋に材料を全部入れて、ひと煮立ちさせる。

みそとごまのコクが味わい深い

濃厚 ごまみそダレ

5分 つくりおき OK！ 冷蔵：1週間

作り方

1 「まろやか りんごダレ」200mlに、みそ60g、ごま油大さじ1、米酢小さじ2を加える。

さわやかさとビタミンをプラス

さっぱり レモン風味ダレ

5分 つくりおき OK！ 冷蔵：1週間

作り方

1 「まろやか りんごダレ」200mlに、米酢大さじ1とレモン汁をお好みの量、加える。

第3章

えっ、こんなに簡単？　いますぐ食べたい！

＼みんな大好き！／

究極の「肉」レシピ

ボリューム満点の肉料理は、見た目もお腹も大満足！
メイン料理はもちろん、副菜やおつまみなども紹介します。
すべて初心者でも簡単に作れるので、ぜひ定番メニューに加えてください。

ここがポイント！

にんにくとしょうがは、74ページの「お手軽オリジナル中華スパイス」で代用可。「五香粉」は少量でいっきに本格的な中華らしくなる、おすすめスパイスのひとつです！

ごはん何杯でもいけちゃう！

なんちゃってボリューム回鍋肉（ホイコーロウ）

しょうが＋にんにく、五香粉で、本格的な中華の味に変身！

材料（2人分）

豚ロース肉（切り落とし）……200g
酒……大さじ1
片栗粉……大さじ2
にんにく（みじん切り）……1片
しょうが（みじん切り）……1片
にんじん……1/4本
ピーマン……1個
キャベツ……2枚
ごま油……大さじ2

◎A
オイスターソース……大さじ1
五香粉（ウーシャンフェン）……少々
一味唐辛子……少々
甘みそ……大さじ2
みりん酒……大さじ1

作り方

1 ボウルに豚肉、酒、片栗粉を入れて混ぜておく。野菜は食べやすい大きさに切る。

2 別のボウルにAの材料を入れて、混ぜておく。

3 フライパンにごま油を入れて、にんにく、しょうがを加えて弱火にかける。
香りが出たら、中火にし、豚肉を入れて、火が通ったら、取り出しておく。

4 フライパンにごま油（分量外）を入れて、強火で野菜を炒める。
3の肉を戻して、2を加えて絡める。

ここがポイント!

ひき肉は冷凍解凍ではなく生のものを使うと、味が断然よくなりますよ!

「豚肉×甘みそ」でコクが増し増し!

黄金コンビのうまコク肉なす

ひき肉たっぷり!
もう一品欲しいときにも!

材料(2人分)

なす……2本
豚ひき肉……100g
長ネギ(みじん切り)……1本
にんにく(みじん切り)……小さじ1
しょうが(みじん切り)……小さじ1
ごま油……適量

◉ **A**
甘みそ……大さじ1
酒……大さじ1

作り方

1 **A** の調味料を合わせておく。
なすは縦6等分にして、ごま油で炒めておく。

2 フライパンにごま油適量を入れて、
にんにく、しょうがを加えて弱火にかける。

3 香りが出たら、長ネギ、豚ひき肉を入れて、
火が通ったら、**1** のなすを入れる。

4 最後に **A** を加え、全体に絡ませる。

ここがポイント！

「ねり梅」はいろいろな料理に応用できるので、つくりおきしておくと便利ですよ！

最初のお酒と一緒にさっと出したい

気がきく大人の焼きささみ～梅和え～

15分

小鉢で提供したい、上品な小料理屋の味！

材料（2人分）

鶏ささみ肉……2本
◉ねり梅……大さじ 1/2
　梅干し（果肉の多いもの）
　みりん酒
　　※作り方は 72 ページの「ねり梅おにぎり」参照
長ネギ（みじん切り）……10cm
塩……少々
大葉（細切り）……適量

作り方

1. ささみは筋を取り除き、塩をふって、うっすら焦げ目がつくまでグリルで焼く。粗熱がとれたら、手でさいて、ほぐしておく。
2. ボウルに、ねり梅と長ネギを入れ、混ぜる。
3. **2**にささみを入れて和える。器に盛り付けて大葉をあしらう。

ここがポイント！

みそダレのとろみは「みりん酒」の量で調節できます！

絶品「みそダレ」も混ぜるだけで超簡単！ 舌もお腹も大満足！

満足度120％のみそカツ

コクのある「深い味わい」で、
名古屋人もうなるおいしさ！

材料（2人分）

豚肉（ヒレ、ロースなどお好みで）…… 300g
塩、コショウ……適量
小麦粉……適量
溶き卵……適量
パン粉……適量
揚げ油……適量
◉みそダレ
　甘みそ……大さじ2
　みりん酒……大さじ2〜4
キャベツ（千切り）……適量
パセリ……適宜

作り方

1 みそダレの材料を混ぜておく。

2 塩、コショウをした豚肉に小麦粉をまぶし、溶き卵にくぐらせ、パン粉をつけて中温（170〜180℃）の油で揚げる。

3 皿にカツを盛り付け、キャベツとパセリを添えて、みそダレをかける。

あの専門店の香ばしさを、家庭で再現！

ガチで食べたい人の専門店のチキンバー

白コショウとごまのアクセントでビールがすすむ、すすむ！

材料（2人分）

手羽中……12本
油……適量
かえし……大さじ1
白コショウ……適量
白炒りごま……適量

作り方

1 フライパンに手羽中がひたる程度の油を入れ、手羽中を110～120℃の低温の油で30分程度、カリッとするまで揚げる。

2 粗熱がとれたら、ファスナー式の袋に入れる。かえしと白コショウを入れてよく絡め、そのまま5～10分おく。

3 袋から取り出して、ざるなどにあけてタレを切り、皿に盛り付け、ごまをふりかける。

ここがポイント！

低温で水分を飛ばしながらじっくり揚げるのがコツ！おつまみに最適な手羽先専門店の味とパリパリ感を、自宅で再現できます！

ここがポイント！

最初に豚肉の表面を焼いておくと、香ばしい仕上がりに。お好みで五香粉を少量加えると、中華風になります！

「肉の味わい」をしっかり楽しめる！ ボリュームおかず

これぞ万能煮豚

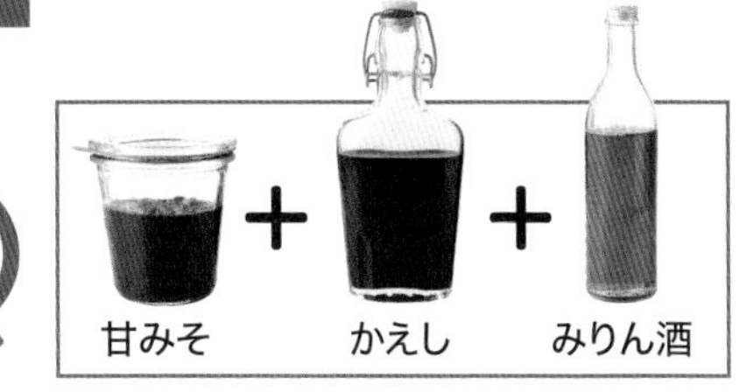

ラーメン、お弁当、おつまみに！
主菜、副菜、なんにでも使えて
本当に超便利！

つくりおきOK！
冷蔵：1週間

材料（2人分）

豚肉ブロック（お好みの部位。
紐つきのものがおすすめ）……500g
ゆで卵（殻をむいておく）……2個
長ネギ（青い部分）……1本分
しょうが（スライス）……適量
油……適量　水……400ml

◉**A**
甘みそ……大さじ1
ごま油……大さじ1/2
かえし……大さじ3
みりん酒……大さじ2
砂糖……大さじ1

パクチー（お好みで）……適量

作り方

1 長ネギは、めん棒などでたたいておく。
フライパンに油を入れて、
豚肉の表面に焼き色をつける。

2 厚手の鍋に、肉と水、長ネギ、しょうがを入れて、
強火にかける。

3 煮立ったら、弱火にしてアクをとり、
Aの調味料とゆで卵を加え、落し蓋をして30分煮る。

4 紐つきの場合は豚肉の紐を切り、お好みの厚さに切って
器に盛り、ゆで卵を半分に切って添える。
お好みでパクチーなどを添える。

きほんの「和だし」

和食といえば「だし」。「だしをとるのが面倒」「だしのとり方がよくわからない」という人も、この方法なら簡単に本格的なだしがとれます。作り方は、すべての材料を鍋に入れて火にかけるだけ。この「和だし」は、何度も試作した末、たどり着いた私の黄金比率！　あらゆる和食のきほんのだしになります。

司の「和だし」のとり方

つくりおき OK!
冷蔵：3日間
（できるだけ早めに使い切る）

材料　※作りやすい量

水……500ml
きざみ昆布……5g
かつお節パック……2袋（5g）

1 鍋に水、昆布、かつお節を入れ、中火にかける（お茶用のパックを使うと便利）。

2 沸騰したら火を止め、昆布とかつお節の入ったパックを取り出し（パックがない場合はざるでこす）、昆布とかつお節をしっかり絞って完成。

❶

❷

❸

だしをとったあとは……

これに変身！

➡ 作り方は98ページ
「だしとりあとの時短佃煮」参照

これさえ入れれば、市販のめんつゆは不要！

自宅で作れる！簡単濃縮めんつゆ

つくりおき OK!
冷蔵：1カ月
（できるだけ早めに使い切る）

材料　※出来上がり500ml分

だしが濃い「和だし」……360ml
※上記の「和だし」と作り方は同じで、昆布とかつお節の量を2倍（約10g）にする
かえし……150ml
みりん酒……100ml

うどんのかけつゆなど、塩味が足りないと感じる場合は、塩をひとつまみ加えるといいでしょう。

作り方

1 水500ml、昆布10g、かつお節10gでだしが濃い「和だし」を作る（360ml分）。

2 **1**にかえしとみりん酒を加えてひと煮立ちさせ、仕上げにひとつかみのかつお節（分量外）を入れて火を止める。

3 粗熱がとれたらざるでこし、保存容器に入れて、冷蔵庫で保存する。

この「簡単濃縮めんつゆ」さえあれば、下記がすべて作れます！

【使い方】下記の割合を目安に薄めてください

〈つゆ：水の割合〉
麺のつけつゆ……1：1　丼物……1：2〜3
麺のかけつゆ……1：3　煮物……1：3〜4
天つゆ……1：2

他にも煮魚、鍋物、おでんなど、いろいろな料理に使えます！

第4章

超ヘルシー！　ダイエットにも最適！

全部15分以内でできる！

ラクラク「魚」レシピ

「魚料理はハードルが高い」と思っていませんか？
「魔法の調味料」をうまく活用すれば、自宅で本格的な味が完成します。
素材の味を活かすこのレシピを覚えたら、料理上級者と言われそう！

ここがポイント!

あらかじめみそダレを作って
おけば、驚きの速さで完成!

煮込み時間が、大幅に短縮!

あっという間のサバみそ

食べたいときにすぐ作れて
つくりおきもできる!

材料(2人分)

サバ(切り身)……2切
長ネギ……1/2本
◉みそダレ
かえし……大さじ2
甘みそ……大さじ3と1/2
みりん酒……大さじ5
水……100 ml
昆布……5 cm分
しょうが(スライス)……適量

作り方

1 サバは臭みをとるため、
3%の塩を入れたお湯を回しかけておく。
長ネギは5 cmの長さに切る。
みそダレの材料を混ぜ合わせておく。

つくりおき
OK!
冷凍:1カ月

2 鍋にサバ、水、昆布、しょうが、みそダレを入れ、強火にかけ、
煮たったら中火にして落し蓋をする。

3 タレが半量になったら、長ネギを入れて加熱したら出来上がり。

ここがポイント！

真ダラ、さわらなど、お好みの魚で。「西京みそ」が手に入らない場合は「白みそ」で代用してもＯＫです。ガーゼや不織布で魚を巻いて漬け込むと、みそがきれいにとれます

ひと晩漬けるだけで、本格的な味わい！

マジで簡単すぎる本格西京焼き

お店で買うものに引けをとらない上品なおいしさ

※漬ける時間は除く

つくりおきOK！
冷蔵：1週間
※漬けた状態で

材料（2人分）

生鮭（切り身）……2切
西京みそ……大さじ4
みりん酒……大さじ2
塩……適量
大根おろし……適量

作り方

1 鮭に軽く塩をしてしばらくおき、水気を拭いて、臭みをとっておく。

2 ボウルに、西京みそとみりん酒を混ぜておく。

3 ファスナー式の袋またはタッパーなどの密閉容器に**1**と**2**を入れ、冷蔵庫でひと晩以上漬け込む。

4 鮭を取り出し、みそをきれいに拭い取って、グリルで焼く。器に盛り付け、大根おろしを添える。

ここがポイント!

5分でできるから待たせない！アジとごまダレは食べる直前にさっと和えるのがポイント。時間がたつと水っぽくなります

ここがポイント!

全部合わせて、包丁でたたくだけ！　余ったら丸めて焼くと、房総半島名物「さんが焼き」風になります。子どもにたたいてもらうと、楽しいお手伝いになりますよ！

いつものお刺身にひと手間かけるだけ

大感動のごまアジ

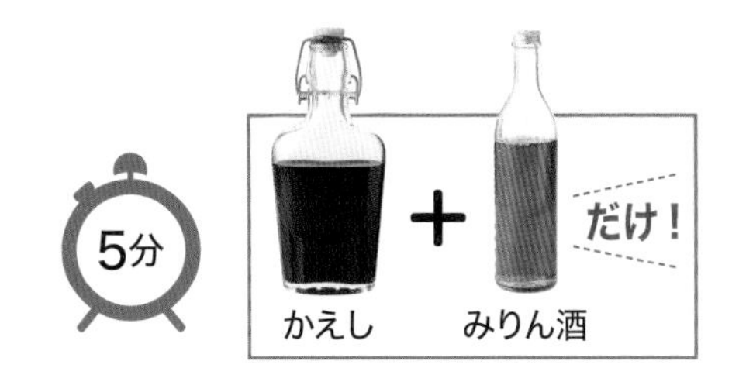

福岡名物「ごまサバ」をアレンジ！
しっかりした濃い味付けがお酒にも合う！

材料（2人分）

刺身用のアジ（3 枚おろし）……1尾
◉ごまダレ
かえし……小さじ2
みりん酒……小さじ1
白すりごま……大さじ1
わさび……適量
万能ネギ（小口切り）……適量
きざみ海苔……適量

作り方

1 アジは、骨の部分を切り落とすか骨を抜き、厚さ5 mm ほどの削ぎ切りにしておく。

2 ボウルにごまダレの材料とわさびを入れて混ぜ、**1** を加えて絡める。

3 器に盛り付けて、ネギと海苔を散らす。

わずか10分で「絶品の酒の肴」が完成！

速攻絶品なめろう

居酒屋よりおいしい！
お酒がすすむ一品！

材料（2人分）

刺身用のアジ（3 枚おろし）……1尾
◉ **A**
甘みそ……大さじ1
しょうが（すりおろし）……適量
長ネギ（みじん切り）……1/2 本
万能ネギ（小口切り）……適量
大葉（飾り用）……適量

作り方

1 アジの骨を抜いたあと、粗みじん切りにし、**A** と合わせたら、包丁でたたいて細かくする。

2 器に大葉をしき、**1** を盛り付けてネギを散らす。

「素材のおいしさ」が際立つ

鯛の煮付け 料亭風

本格的な味わいに、家族も感動!
「料亭の味」が家庭でできる!

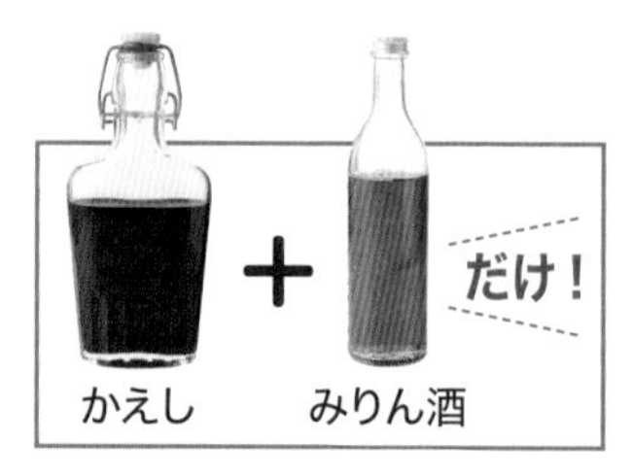

材料(2人分)

鯛(切り身)……2切
しょうが(スライス)……1片
◉煮汁
水……100ml
かえし……大さじ2
みりん酒……大さじ1
レンコン(輪切り)……適量
すだち(輪切り)……適宜

作り方

1 鍋に煮汁の材料を入れて強火にかけ、ひと煮立ちさせる。

2 鯛としょうがを入れて、落し蓋をして中火で10分煮る。途中でレンコンを入れて煮る。

3 器に鯛とレンコンを盛り付け、すだちを添える。

ここがポイント！

いりこは最初にから炒りして、水分を飛ばすことで、食感がよくなります！

カルシウム豊富な小魚をまるごと！

ほんのりとした酸味がたまらない！

おやつ&おつまみに最高 ヘルシー黒酢いりこ

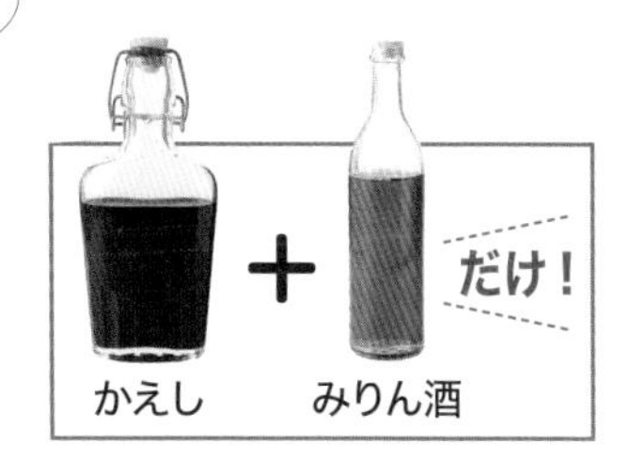

冷蔵：1週間

材料（2人分）

いりこ……30g
黒酢……大さじ2
砂糖……大さじ1
かえし……小さじ1
みりん酒……大さじ1
しょうが汁……適量
白炒りごま……適量

作り方

1 フッ素樹脂加工のフライパンでいりこを弱火で炒め、水分が飛んだら取り出しておく。

2 黒酢、砂糖、かえし、みりん酒、しょうが汁をフライパンに入れ、ブクブクと泡が出るまで弱火で煮る。いりこを入れて絡め、仕上げにごまをふりかける。

3 クッキングシートの上に**2**を広げて冷ます。

ここがポイント！

ブリの代わりに、アジやさんまでも、おいしく作れます！

15分
※漬ける時間は除く

かえし　だけ！

「魚嫌い」でも、どんどんいけちゃう！

香ばしブリ竜田

カラリと揚げた魚と漬けダレのおいしさが「ジュワッ」としみ出す！

材料（2人分）

ブリ（切り身）……2切
◉漬けダレ
　かえし……大さじ1
　にんにく（すりおろし）……少々
　しょうが（すりおろし）……少々
片栗粉……適量
揚げ油……適量
水菜、白菜、ミニトマト……適宜

作り方

1 ブリはひと口大に削ぎ切りしておく。

2 漬けダレを作り、ポリ袋などに入れ、ブリを30分漬けておく。
水気を拭き取り、片栗粉をまぶして、170℃の油で揚げる。

3 器に盛り付けて、きざんだ水菜、白菜、ミニトマトを添える。

ここがポイント!

子どもでも簡単に作れるので、一緒に作るのがおすすめです!

冷蔵庫で「自家製干物」が簡単にできる!

ふっくら! アジのみりん干し

水分を飛ばしすぎないから
ジューシー感そのまま!

※漬けおきの時間と
干す時間は除く

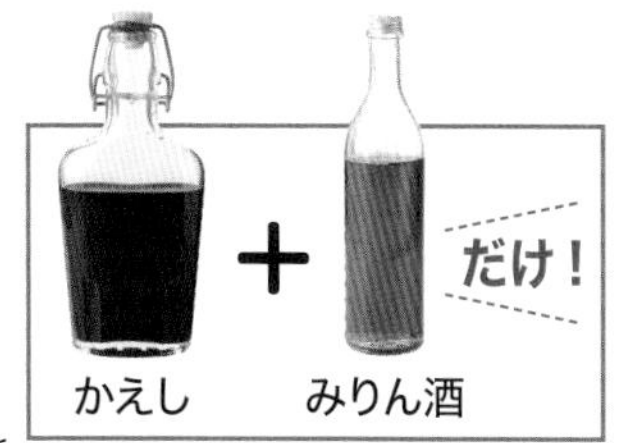

つくりおき OK!
冷蔵：5日間
冷凍：1カ月
※汁気を切った状態で

材料(2人分)

アジ（3枚おろし）……2尾
かえし……40ml
みりん酒…… 20ml
白炒りごま……適量

作り方

1. ファスナー式の袋にアジを入れて、かえし、みりん酒を加える。
空気をできるだけ抜いて、袋を閉じて、冷蔵庫でひと晩おくと、味がなじむ。

2. 袋から出して汁気を切り、
網をのせたバットの上に並べ、ごまをふりかける。
そのまま冷蔵庫に入れてひと晩おく。

3. グリルで5分ほど焼く。

たまねぎ酢で作るドレッシング

ドレッシングはつくりおきせず、使う直前に、その食事の分だけ、ささっと作るのが理想的。「たまねぎ酢」に材料を合わせるだけで簡単に、これだけの種類が作れます！ 新鮮な野菜の旨味をしっかり感じられるドレッシングです。お好みで、ごま油などのオイルを追加してください。

しょうゆベースの定番の味

定番の和風ドレッシング

材料

たまねぎ酢……大さじ2
しょうゆ……大さじ2
みりん酒……小さじ2

消化を助ける大根おろしで、野菜がどんどん食べられる！

どハマりおろしドレッシング

材料

たまねぎ酢……大さじ3
かえし……大さじ3
大根おろし……大さじ1(お好みで調節)

豆乳とみそは相性バツグン！

マイルド豆乳ドレッシング

材料

たまねぎ酢……大さじ3
甘みそ……大さじ1
豆乳……大さじ3

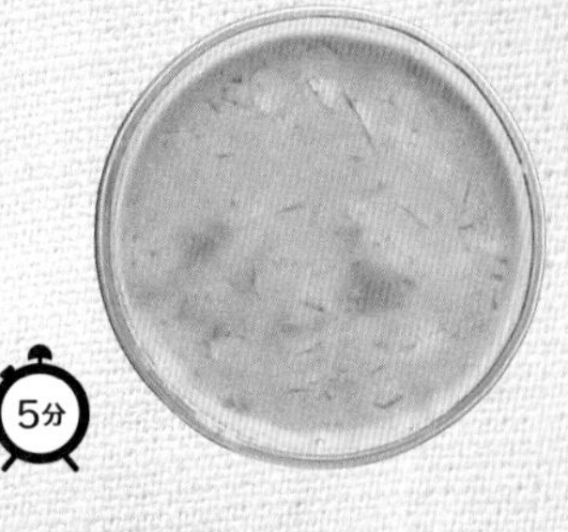

ゆず果汁とゆずコショウの辛味が上品

大人の上品ゆずドレッシング

材料

たまねぎ酢……大さじ3
かえし……大さじ3
ゆずの搾り汁……小さじ1
ゆずコショウ……小さじ1/2〜1

オリーブオイルでイタリアンに変身！

お手軽イタリアンドレッシング

材料

たまねぎ酢……大さじ2
オリーブ油……大さじ2
塩、コショウ……適量

ごまのコクと甘酢のやさしい味わい

コクのごまドレ

材料

たまねぎ酢……大さじ1
かえし……大さじ3
合わせみそ……小さじ1と1/2
白すりごま……小さじ1

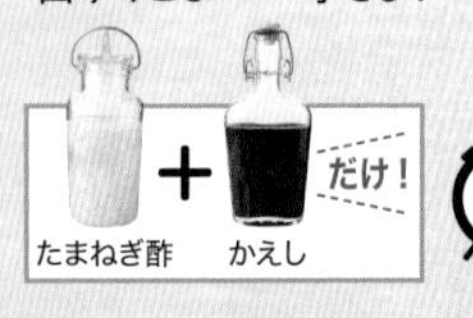

甘みそ＋たまねぎ酢がベストマッチ

みそたまドレッシング

材料

たまねぎ酢……大さじ2
甘みそ……大さじ1
かえし……小さじ1

第5章

たっぷりとれる!　これなら子どもも食べられる!

つくりおきにも最適!

「野菜」レシピ

冷蔵庫の余りものも「絶品料理」に早変わり!
野菜嫌いでもモリモリ食べられるのは、無添加の伝統調味料が味付けのベースだから。
フードロス解消にも一役買う、お財布にも体にもやさしいレシピです。

ここがポイント!

だしをしっかりとった鍋は、味わい深く飽きがきません。鶏肉のだしで、さらに旨味がアップします!

野菜をいっぱい食べられるのがうれしい!

心も体もほっこり!
ヘルシー節約料理

野菜たっぷり節約鍋 〜あっさりしょうゆ味〜

材料(2人分)

「和だし」……500ml
　※作り方は 40 ページ参照
かえし……50ml
酒……大さじ 2
◉鍋の具
　お好みの野菜
　（白菜、水菜、えのき、長ネギなど）……適量
　鶏もも肉……50 〜 100g（お好みの量）
　豆腐……適量

作り方

1 鍋の具を食べやすい大きさに切る。

2 鍋に「和だし」、かえし、酒を入れて、ひと煮立ちさせる。

3 **2**の鍋に**1**を入れて、火が通ったら、いただく。

ここがポイント！

冷蔵庫などにある野菜と果物をサイコロ状に切って、「たまねぎ酢」で和えるだけ。
やさしい酸味と甘味で、野菜嫌いの子どもでもモリモリ食べられます！

家にある野菜やフルーツで作れる

彩りサイコロ フルーツサラダ

見た目も楽しい一品！
ホームパーティーにも最適！

5分

材料（2人分）

きゅうり……1/3 本
ミニトマト……2個
大根……1cm
にんじん……1/4 本
◉季節の果物 ※自宅にあるものなど、なんでもOK
りんご……1/4 個　キウイ……1/2 個
梨……1/4 個　バナナ……1/2 本
パイナップル……3 切
たまねぎ酢……適量

作り方

1 野菜と果物は1～２cm 角に切る。

2 **1**をボウルに入れ、たまねぎ酢を、たまねぎのみじん切りごとかけて和える。

ここがポイント!

市販のすし酢はもう卒業！「甘酢」に塩を加えるだけで、簡単にすし酢が作れます。干ししいたけは前日から水で戻すことで、旨味成分をしっかり引き出します！

スピード料理なのにテーブルが「映える」！

カンタンパーティー混ぜ寿司

野菜の切り方にひと工夫して、彩り鮮やかに！

20分

かえし ＋ 甘酢 ＋ みりん酒 だけ！

※ごはんを炊く時間としいたけの戻し時間は除く

材料（2人分）

白米……2合
◉すし酢
　甘酢……50ml
　塩……小さじ1
干ししいたけ……2枚
しいたけの戻し汁……200ml
にんじん……1/3本
レンコン……1/4節
ゴボウ……約1/4本
スナップえんどう……4本
卵……2個
かえし……大さじ1
みりん酒……大さじ1
塩……少々
油……適量
白炒りごま……適量

作り方

1 ひと晩水に漬けて冷蔵庫で戻した干ししいたけを細切りに、レンコンはいちょう切りにし、ゴボウはささがきにする。スナップえんどう、花型に抜いたにんじんは塩茹でし、スナップえんどうは半分に切っておく。

2 しいたけ、レンコン、ゴボウは、しいたけの戻し汁とかえしで中火で煮含める。

3 卵をボウルに割りほぐして、みりん酒と塩を入れて混ぜ、油をひいたフライパンで卵焼きを作り、1cmの角切りにする。

4 すし酢の材料を合わせ、炊いたごはんと混ぜて酢飯を作り、**2**を混ぜ込む。スナップえんどう、にんじん、卵で飾り、ごまをふりかける。

ここがポイント！

にんじん、キャベツ、湯がいたキノコなど、余り野菜をコールスロー風にすれば、野菜がたくさん食べられ、フードロスも解消できます。もちろん子どもも大好き！

キャベツ以外の野菜をコールスロー風に

余り野菜なんでも コールスロー風

残った野菜をムダなく食べられる！

15分

甘酢

材料(2人分)

白菜……3～4枚
たまねぎ……1/4個
にんじん……1/2本
コーン（缶詰）……大さじ3
甘酢……大さじ1
マヨネーズ……大さじ1
黒コショウ……適量
パセリ（みじん切り）……適量

作り方

1. 野菜は細切りにし、塩小さじ1/4（分量外）で揉み、しばらくおいて水気を絞っておく。
2. ボウルに野菜とコーンを入れて、甘酢、マヨネーズ、黒コショウを混ぜたもので和える。仕上げに、パセリを散らす。

一見地味な「おひたし」、じつは奥深い!

だししみしみおひたし

自分でだしをとれば
上品で絶品の副菜に!

15分

材料(2人分)

小松菜……1株
水菜……1株
◉ひたし液
「和だし」……200ml
※作り方は 40 ページ参照
かえし……小さじ1
塩……少々
ゆずの皮(細切り)……適量

作り方

1 葉物はそれぞれ、さっと湯がいておく。
食べやすいサイズに切り、水気をよく絞る。

2 ひたし液を作る。鍋に「和だし」、かえしを入れてひと煮立ちさせ、塩で味をととのえる。
冷めたら、保存容器などに入れて、**1**を加えて味をなじませる。

3 器に取り分け、ひたし液をかけて、
ゆずの皮をあしらう。

ここがポイント!

豆腐マヨネーズは、普通のマヨネーズと同様に使えて便利です! 冷蔵で保存し、1週間ほどで使い切りましょう

いつもの定番サラダがあっさり和テイストに

長芋のヘルシーポテトサラダ

じゃがいもより低糖質な長芋と
豆腐マヨネーズを使って
ヘルシーに!

20分

材料(2人分)

長芋……1/5本
きゅうり……1本
にんじん……1/5本
たまねぎ……1/8個
◉豆腐マヨネーズ ＊作りやすい分量
寄せ豆腐(絹ごし豆腐でも可)
※ざるで水を切っておく
……1/2丁(175g)
油……25ml
甘酢……大さじ1と1/2
塩、コショウ……適量

作り方

1 長芋はよく洗い、皮ごとぶつ切りにして蒸す。

2 長芋を蒸している間に豆腐マヨネーズを作る。
寄せ豆腐、油、甘酢を、ブレンダーかハンドミキサーでクリーム状になるまで混ぜ、塩、コショウで味をととのえる。

3 きゅうりは薄い輪切り、にんじん、たまねぎは薄切りにして、塩少々(分量外)をしておく。

4 **3**の野菜の水気を絞ってボウルに入れ、**1**を加えて、**2**の豆腐マヨネーズを適量加え、和える。器に盛り付ける。

あると便利! 冷凍庫にいつも常備したい!

冷凍野菜の超時短サラダ

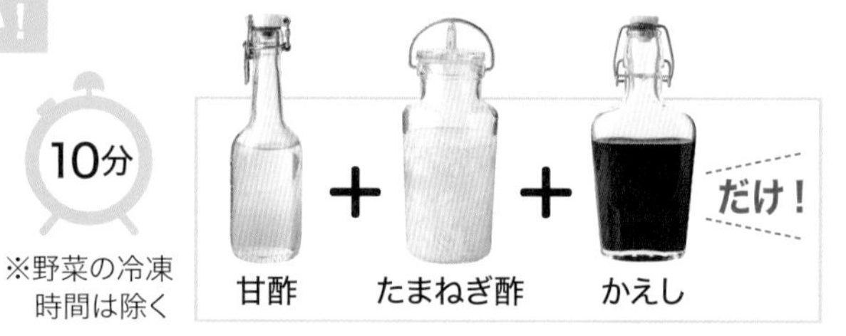

冷凍して水分を絞った分、野菜をたっぷり食べられる

材料(2人分)

キャベツ……4枚
にんじん……1/ 2本
◉ドレッシング
甘酢……大さじ2
たまねぎ酢……大さじ2
かえし……5ml

作り方

1 キャベツとにんじんは、食べやすい大きさに切り、ファスナー式の袋に平らに入れる。
空気をしっかり抜いて冷凍する。
※薄くして冷凍するほうが解凍しやすい

2 解凍して、水気を絞り、
ドレッシングの材料を合わせてお好みの量をかける。

漬物というより「サラダ」です！

あっさりサラダ浅漬け

5分

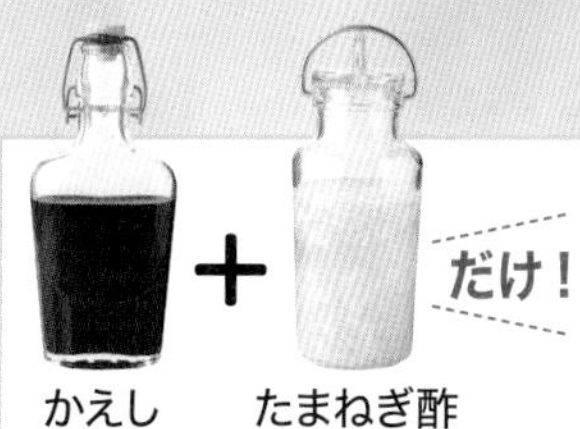

ほどよい酸味で季節の野菜がたっぷり食べられる！

※おく時間、寝かせる時間は除く

材料（2人分）

きゅうり……1本
大根……輪切り約3cm
　※季節の野菜や余り野菜など、なんでもOK
ゆずの皮（細切り）……適量

◉**A**
水……大さじ4
塩……小さじ1
かえし……大さじ2
たまねぎ酢……大さじ2

作り方

1 ポリ袋に**A**の材料を入れる。

2 食べやすい大きさに切ったきゅうりと大根を**1**に入れて、袋の上から揉んで5～10分おく。

3 冷蔵庫で30分ほど寝かせる。器に盛り付けて、ゆずの皮をあしらう。

ここがポイント！

「浅漬けの素」を使わなくても無添加で簡単にできるので、ぜひ覚えてくださいね！

ここがポイント！

いつも通うお店の味をまねてみました。「口直し」「箸休め」「酒の肴」…あともう一品欲しいときにも最適です！

たった5分でできる！

手が止まらない マジ無限キャベツ

博多の焼き鳥店の定番！
キャベツのつけダレを再現！

5分

甘酢

つくりおきOK！
冷蔵：1カ月（甘ダレ）

材料（2人分）

キャベツ……適量
◉甘ダレ
甘酢……50ml
薄口しょうゆ……小さじ1
白すりごま……適量

作り方

1 キャベツはザク切りにしておく。

2 甘ダレの材料を混ぜ合わせ、キャベツをつけていただく。

第6章

のっけごはん　丼　混ぜごはん

＼日本人なら大好き！／

「ごはんもの」レシピ

「余りごはんをおいしく食べたい！」そんなご要望にお応えして、
日本人が大好きな「ごはんもの」のとっておきレシピを紹介します。
忙しい日にもぴったりの、時短でお腹も大満足な厳選10品です。

ここがポイント！

サバ缶の汁もすべて使うので、栄養を余すことなく摂取できます。タレの量はお好みで調節してくださいね

栄養たっぷりのサバ缶を手軽に丼で

栄養まるごと サバ缶ごはん

EPA、DHA、タンパク質……
断然ヘルシーな節約料理！

材料（2人分）

ごはん……2杯分
サバ水煮缶（無塩）……1缶
甘みそ……50g
みりん酒……50ml
きゅうり……1本

作り方

1 ボウルに甘みそとみりん酒を混ぜておく。

2 フライパンにサバ缶を汁ごと入れ、
ほぐしながら弱火で炒める。
1を入れて、中火で水分を飛ばすように炒める。

3 **2**をごはんにのせ、きゅうりの細切りをあしらう。

ここがポイント!

手間がかかると思われがちな天津飯も、このレシピなら簡単にできます。奮発してカニ缶を使えばごちそうにも!

カニカマと卵があれば作れる!

究極の手抜き丼 ふんわり天津飯

忙しい日にもおすすめ!

材料(2人分)

ごはん……2杯分
卵……4個
カニカマ……4本 ※可能ならカニ缶がおすすめ
油……適量
◉甘酢あん
水……100ml
かえし……小さじ1
甘酢……大さじ2
塩……少々
水溶き片栗粉……適量

作り方

1 鍋に甘酢あんの材料を入れて中火にかけ、とろみがついたら火を止める。

2 フライパンに油を入れ、割りほぐした卵と手でほぐしたカニカマを入れて、軽く混ぜ、中火でふんわり焼く。

3 器にごはんをよそい、**2**をのせて、**1**をかける。お好みで万能ネギなどを散らす。

見た目もきれいで食欲をそそる！

お弁当にもおすすめ！

おかわり必至の節約丼 ノンストップ鶏そぼろごはん

15分

材料（2人分）

ごはん……2杯分
卵……2個
鶏ひき肉……100g
たまねぎ……1/2個
しょうが（すりおろし）……適量
みりん酒……大さじ1
かえし……大さじ1
塩……少々
油……適量
いんげん（塩茹で）……適宜

作り方

1 ボウルに卵を入れて割りほぐし、みりん酒と塩を加える。
フライパンに油を中火で熱し、卵液を入れて、箸でかき混ぜながら炒り卵を作る。

2 フライパンに油を入れて、みじん切りにしたたまねぎを中火で炒める。
鶏ひき肉、しょうがを入れてさっと炒め、かえしを入れ、味がなじむまで炒める。

3 器にごはんをよそい、**1**と**2**を半々にのせ、斜め薄切りにしたいんげんを飾る。

ここがポイント！

鶏のひき肉は、炒めすぎるとかたくなるので要注意です！

ここがポイント!

和牛のこま切れ肉を使えば、安価で驚くほどおいしい牛丼が作れます!

一番人気の和丼!

家庭で簡単に感動のおいしさ!

まさにド直球 絶対無敵の和牛丼

材料(2人分)

ごはん……2杯分
和牛(こま切れ)……200g
たまねぎ ……1/2 個
「和だし」……200ml
　※作り方は 40 ページ参照
かえし……大さじ4
万能ネギ……適量

作り方

1 薄切りにしたたまねぎを鍋に入れ、「和だし」とかえしを入れて中火にかける。

2 たまねぎが透き通ったら牛肉を入れ、火が通るまでさっと煮る。

3 丼にごはんをよそい、**2** をかける。小口切りにした万能ネギをのせる。

ここがポイント!

冷蔵庫にある材料でササッと作れる節約料理です。
覚えておくと便利ですよ!

大豆製品を使った体にやさしい丼

低脂質
ヘルシーかみなり豆腐丼

豆腐を炒める音が雷に似ているのが名前の由来

10分

材料(2人分)

ごはん……2杯分
木綿豆腐(※水気を切っておく)……1丁
長ネギ……1/2本
揚げ玉……大さじ2
かえし……大さじ2
ごま油……適量

作り方

1 鍋にごま油を入れ、斜め切りにした長ネギを入れて、強火でさっと炒める。

2 豆腐を手でほぐしながら、**1**の鍋に入れる。揚げ玉も加える。

3 かえしを入れて、味をととのえる。

4 ごはんを丼に入れて、**3**をのせ、お好みできざみ海苔などをトッピングする。

さっぱり食べたいときは、酢飯（54ページの作り方4を参照）にするのもおすすめです！

安価なマグロで、高級感あるぜいたく丼が完成！

寿司よりうまい！マグロづけ丼

時間がないときにも、パパッと作れるごちそう丼

10分

材料（2人分）

ごはん……2杯分
マグロ（スライスまたは刺身）……120g
かえし……大さじ1
酒……少々
◉薬味
　大葉（細切り）……適宜
　みょうが（薄切り）……適宜
　わさび……少々
白炒りごま……適宜

作り方

1 ファスナー式の袋にマグロとかえし、酒を入れ、5分ほど漬けておく。

2 丼にごはんをよそい、**1**のマグロを盛り付け、漬け汁をかける。薬味をのせ、ごまを散らしたら完成。

ここがポイント！

混ぜごはんのきほんは、煮汁を煮詰めること。コクがアップします！

「鶏×ゴボウ」の黄金コンビ！

超カンタン混ぜごはん 味わい鶏ゴボウ飯

余りごはんが劇的においしくなる！

15分

かえし ＋ みりん酒 だけ！

材料（2人分）

ごはん……2杯分
鶏もも肉……100g
ゴボウ……1/2 本
にんじん……1/5 本
「和だし」……200ml
　※作り方は 40 ページ参照
かえし……大さじ1
みりん酒……大さじ1

作り方

1 ゴボウはささがきにして、にんじんは細切りにする。鶏肉は粗くきざんでおく。

2 鍋に「和だし」、かえし、みりん酒を入れ、ゴボウとにんじんを入れて中火で煮る。

3 ゴボウが煮えたら鶏肉を入れて火を通し、ざるで具材と煮汁を分ける。煮汁を鍋に戻して1/3 に煮詰める。

4 ごはんに**3**の具材と煮汁をかけて混ぜ、器によそう。

貝のだしをしっかり吸ったごはんが滋味豊か

旨味たっぷり深川飯

あさりの旨味が凝縮された
ぜいたくな味わい！

15分
※砂抜きの時間は除く

材料（2人分）

ごはん……2杯分
あさり（砂抜きしたもの）……300g
にんじん……50g
長ネギ……1/2本
油揚げ……1枚
（お湯をかけて油抜きしておく）
かえし……大さじ1
酒……100ml

作り方

1 にんじんは細切り、長ネギは小口切り、油揚げは短冊切りにする。

2 鍋に、あさりと酒を入れ、蓋をして強火にかける。口が開いたら、火を止めてあさりを取り出し、殻から身を取り出しておく。

3 **2**の煮汁にかえしとにんじん、長ネギ、油揚げ、あさりを入れて煮る。
ざるで具材と煮汁とに分け、煮汁は1/3の量になるまで煮詰める。

4 ごはんに具と煮汁をかけて混ぜ、器によそう。

ここがポイント！

あさりの砂抜きは3%の塩水（水500ml＋塩大さじ1）に漬けて冷暗所に10〜30分おきましょう。
余ったあさりは、3%の塩水に漬けたまま冷凍すると、解凍したとき身がふっくらします！

中華の「紅焼肉」を簡単アレンジ！

ごちそう紅焼肉(ホンシャオロウ)ごはん

アジアン風味豊かな
肉感たっぷりの食べ応えある一品！

10分

材料（2人分）

ごはん……2杯分
豚肉（コマ切れ）……100g
にんにく（みじん切り）……1片
しょうが（みじん切り）…… 1片
水……適量
かえし……大さじ1
みりん酒……大さじ1
八角（スターアニス）……1個
ごま油……適量

作り方

1 フライパンに、ごま油、にんにく、しょうがを入れ、弱火にかける。香りが出たら、豚肉を入れて中火で炒める。

2 水をひたひたに入れ、かえしとみりん酒、八角を入れて煮る。

3 煮汁が煮詰まってきたら火を止め、炊き上がったごはんに混ぜて、器に盛り付ける。

ここがポイント！

中華料理によく使われる八角は独特の強い香りがあるので、量はお好みによって調節してください。手に入りにくい場合は五香粉（34ページ参照）で代用してもいいでしょう

ここがポイント！

少ない量のうなぎを、ひつまぶし風にアレンジ！
うなぎの頭や尻尾をタレに入れて煮詰めると、風味とコクが加わります！

きざんだうなぎ＋炒り卵で見た目も豪華に

うなぎの大満足ひつまぶし風

濃いめの味付けで満足感＆ボリュームアップ！

15分

材料（2人分）

- ごはん……2杯分
- うなぎの蒲焼……1/2尾
- ◎うなぎのタレ
  - 水……100ml
  - かえし……大さじ1
  - みりん酒……大さじ1
- 卵……1個
- みりん酒……小さじ1
- 塩……適量
- 油……適量
- きざみ海苔、三つ葉……適宜

作り方

1. うなぎに頭や尻尾が付いている場合は、切り取り、とっておく。身の部分は、食べやすい大きさに切る。
2. 鍋にうなぎのタレの材料、あればうなぎの頭や尻尾を入れて煮詰める。うなぎの頭と尻尾を取り除く。
3. ボウルに卵を割りほぐし、みりん酒、塩を入れて混ぜる。フライパンに油を熱して、卵液を入れ、炒り卵を作る。
4. ごはんに**2**をよく混ぜて、切ったうなぎ、炒り卵、きざみ海苔をのせ、三つ葉を飾る。

おにぎりレシピ

おにぎりの具も、簡単に作れて常備しておくと、
いろいろな料理に使えて重宝します。
バラエティ豊かなおにぎり8品を紹介します。

シンプルだけど、滋味深さがあとを引く

甘みそおにぎり

材料
甘みそ……適量
ごはん……適量

作り方
1 おにぎりの具に、甘みそをそのまま入れるだけ。

香ばしさが食欲をそそる！

味ごまおにぎり

味ごまは
冷凍で3カ月
保存可能

材料
◉味ごま ＊作りやすい分量
白炒りごま……大さじ5　かえし……大さじ1
ごはん……適量

作り方
1 ボウルに、ごまとかえしを入れてしばらくおき、ごまに味をしみ込ませる。
2 フライパンに汁気を切った**1**を入れて弱火で加熱する。箸で混ぜ、ごま同士がくっついて小さなかたまりができたら、火を止める。
3 余熱でしばらくかき混ぜ、そのまま冷ます。かたまりを手でほぐす。
4 ごはんに**3**を混ぜてにぎる。

ねり梅はつくりおきしておくと便利！

ねり梅おにぎり

ねり梅は
冷蔵で
6カ月
保存可能

材料
◉ねり梅 ＊作りやすい分量
梅干し（果肉の多いもの）……大5～6個
みりん酒……大さじ2～3
ごはん……適量

作り方
1 種を取り除いた梅干しを裏ごしし、梅ペーストにする。
2 **1**の梅ペーストの1/10程度のみりん酒を加えて混ぜ、柔らかいペーストにする。
3 おにぎりの芯に**2**を入れてにぎる。
※ドレッシングや刺身のタレ、梅茶などいろいろ使えて便利！

みそと豚バラのコク
満足度バツグン！

豚みそおにぎり

豚みそは
冷凍で
2週間
保存可能

材料
◉豚みそ ＊作りやすい分量
豚バラ肉……100g　かえし……大さじ2
甘みそ……50g　白炒りごま……適量
ごはん……適量

作り方
1 豚バラ肉をみじん切りにして、フライパンで弱火で炒める。
2 あらかじめ混ぜておいたかえしと甘みそを**1**に入れて絡める。仕上げにごまを混ぜる。
3 おにぎりの芯に**2**を入れてにぎる。

だしとりあとの材料をムダなく再利用

おかか昆布おにぎり

材料
だしとりあとの時短佃煮……適量
※作り方は98ページ参照
ごはん……適量

作り方
1 おにぎりの芯に「だしとりあとの時短佃煮」を入れてにぎるだけ。

手間のかかるおいなりさんを手軽なおにぎりに

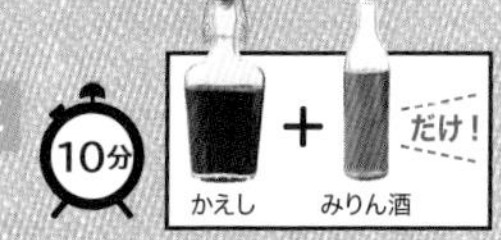

きざみいなりおにぎり

きざみいなりは冷凍で1週間保存可能

材料
◉きざみいなり ＊作りやすい分量
油揚げ……1枚
（お湯をかけて油抜きしておく）
かえし……大さじ1　みりん酒……大さじ1
ごはん……適量

作り方
1 油揚げは、ごく細かいみじん切りにする。
2 鍋に**1**とかえし、みりん酒を入れ、煮含める。
3 ごはんに**2**を混ぜてにぎる。

しっとりレアのたらこは「酒の肴」にも最適！

たらこのたたきおにぎり

材料
◉たらこのたたき ＊作りやすい分量
冷凍たらこ……適量　みりん酒……適量
ごはん……適量

作り方
1 たらこを冷凍のままさっと茹でる。
まわりが白くなったら湯からあげ、
水気をキッチンペーパーで拭いておく。
2 熱いうちにみりん酒をハケで塗り、
直火でさっとあぶる。
3 おにぎりの芯に**2**を入れてにぎる。

「かえしは焼いてからつける」のが香ばしくするコツ！

5分　かえし　だけ！

焼きおにぎり

材料
かえし……適量
ごはん……適量

作り方
1 フライパンにアルミホイルをしき、
おにぎりを強火で焼く。
2 焦げ目がついてきたら、かえしをハケで塗って
さらに香ばしくなるまで焼く。

これは使える!「無添加」手作り調味料

いつもは市販品を使うあの調味料、じつは「無添加」で簡単に作れます。
常備しておくと、料理が手軽に、ぐんとおいしくなりますよ!

本物の野菜と肉から作るから、大感動のおいしさ!

リアルチキンコンソメの素

15分

材料

鶏ひき肉……100g
たまねぎ……1/4個
かえし……小さじ1/2
ごま油……小さじ1
◉A
塩……小さじ1/2
オイスターソース……小さじ1/4
白コショウ……少々
「お手軽オリジナル中華スパイス」……小さじ1/2
※右下参照

冷凍で1カ月保存可能

作り方

1 みじん切りしたたまねぎをごま油で中火で炒める。
2 少し色がついたら、鶏肉を入れて炒める。
3 かえしとAを入れて、そぼろ状にする。
粗熱がとれたら、キッチンペーパーで余分な油を吸い取り、ファスナー式の袋に入れて、空気を抜き、薄く平らにして冷凍保存する。

「リアルチキンコンソメの素」と「激うま中華だしの素」の使い方:15×10cmくらいの大きさにして冷凍保存し、スープ、ラーメンなどにコクが欲しいときに、適量を割って加えて使います

ラーメン、チャーハン、炒めもの、コレだけで絶品の味に!

激うま中華だしの素

15分

材料

豚ひき肉……100g
鶏ひき肉……50g
たまねぎ(みじん切り)……1/4個分
ごま油……小さじ1
◉A
オイスターソース……小さじ1/2
白コショウ……小さじ1/4
紹興酒……小さじ1
五香粉……少々
塩……小さじ1
「お手軽オリジナル中華スパイス」……小さじ1/2 ※下参照

冷凍で1カ月保存可能

作り方

1 たまねぎをごま油で中火で炒め、鶏肉、豚肉を入れて炒める。
2 Aを入れて、余分な油はキッチンペーパーで吸い取る。
3 粗熱がとれたら、ファスナー式の袋に入れ、「リアルチキンコンソメの素」と同様に空気を抜き、薄く平らにして、冷凍保存する。

味が薄い場合は「かえし」を小さじ1/2加えます

あると便利!「しょうが2:にんにく1」の割合で混ぜるだけ!

お手軽オリジナル中華スパイス

材料

にんにくパウダー(市販品)……10g
しょうがパウダー(市販品)……20g

密閉容器で3カ月保存可能

作り方

1 にんにくパウダーとしょうがパウダーを混ぜて、密閉瓶に入れておく。

豆板醤風調味料が、自宅で簡単に作れる!

※おく時間は除く

カンタン和風豆板醤

材料

韓国唐辛子(中挽)……50g
酒……150ml
かえし……小さじ2
塩……小さじ2

常温で1カ月保存可能

作り方

1 瓶に韓国唐辛子を入れる。
2 酒、かえし、塩を入れ、常温で3日以上おいてから使用する。

柑橘系の搾り汁を加えて、華やかな風味に

フルーティーゆずポン酢

材料

水……100ml
きざみ昆布……約2g
ゆず果汁……20ml
※だいだい、かぼすなどでも可
かえし……100ml
甘酢……60ml

冷蔵で2週間保存可能

作り方

1 昆布だしをとる。鍋に水と昆布を入れて火にかけ、沸騰したら止める。
2 ざるでこして、ゆず果汁、かえし、甘酢を加え、ひと煮立ちさせる。
3 粗熱をとり、密閉瓶などの容器に移して保存する。

ゆずコショウより簡単!塩分控えめで、使いやすい!

カンタンゆず塩

材料

青ゆず……1個
塩……小さじ1弱
※青ゆずが出回るのは8~10月ごろ

冷蔵で1カ月保存可能

作り方

1 ゆずの皮をすりおろし、水気を軽く絞る。
2 小さじ1杯程度(1の重量の10%の量)の塩を混ぜて、ファスナー式の袋に入れて平たくして冷凍する。吸い物や和え物に少量混ぜると、香りがいい。

調味料はすべてつくりおき可能ですが、もちろんその都度作るのがおすすめです

第7章

ササッとすませたい日もある！

＼毎日食べたい！／

「麺」レシピ

みんなが大好きな麺料理は、「スープの素」などを使わなくても簡単に作れます。
ときどき無性に食べたくなる定番麺も、「魔法の調味料」を使えばやさしい味わいに。
自宅で簡単に再現できる、あの「人気ご当地麺」も紹介します！

「かえし」を使って、
自分で煮含めたお揚げで満足度アップ！

ふっくらジューシーな油揚げに感動！

超ジューシーお揚げのきつねうどん

15分

材料（2人分）

うどん……2玉
「和だし」……800ml
※作り方は 40 ページ参照
かえし……80ml
長ネギ（小口切り）……適量
油揚げ…… 1 枚
（お湯をかけて油抜きしておく）

◎A
「和だし」……100ml
※作り方は 40 ページ参照
かえし……大さじ1
本みりん……大さじ1

作り方

1 鍋に「和だし」、かえしを入れてひと煮立ちさせ、かけつゆを作る。

2 油揚げは半分に切り、A の材料で煮含める。

3 茹でたうどんを器に移し、油揚げをのせ、1をかける。長ネギをあしらったら完成。

ここがポイント！

仕上げに塩をひとつまみ加えると、味が締まります。お好みで、花かつおをのせてもおいしいです！

手作りつゆは、やっぱり格別！

ひと味違う！ うまだしそうめん

手作りの無添加めんつゆで
そうめんのおいしさが引き立つ！

材料（2人分）

そうめん……2束

◉つけつゆ

「自宅で作れる！ 簡単濃縮めんつゆ」……50ml
※作り方は 40 ページ参照

水……50ml

◉薬味

万能ネギ……適宜

みょうが……適宜

作り方

1 そうめんを茹でて、冷水で洗い、器に盛り付ける。

2 「自宅で作れる！ 簡単濃縮めんつゆ」と水を合わせてつけつゆを作り、薬味をきざんで添える。

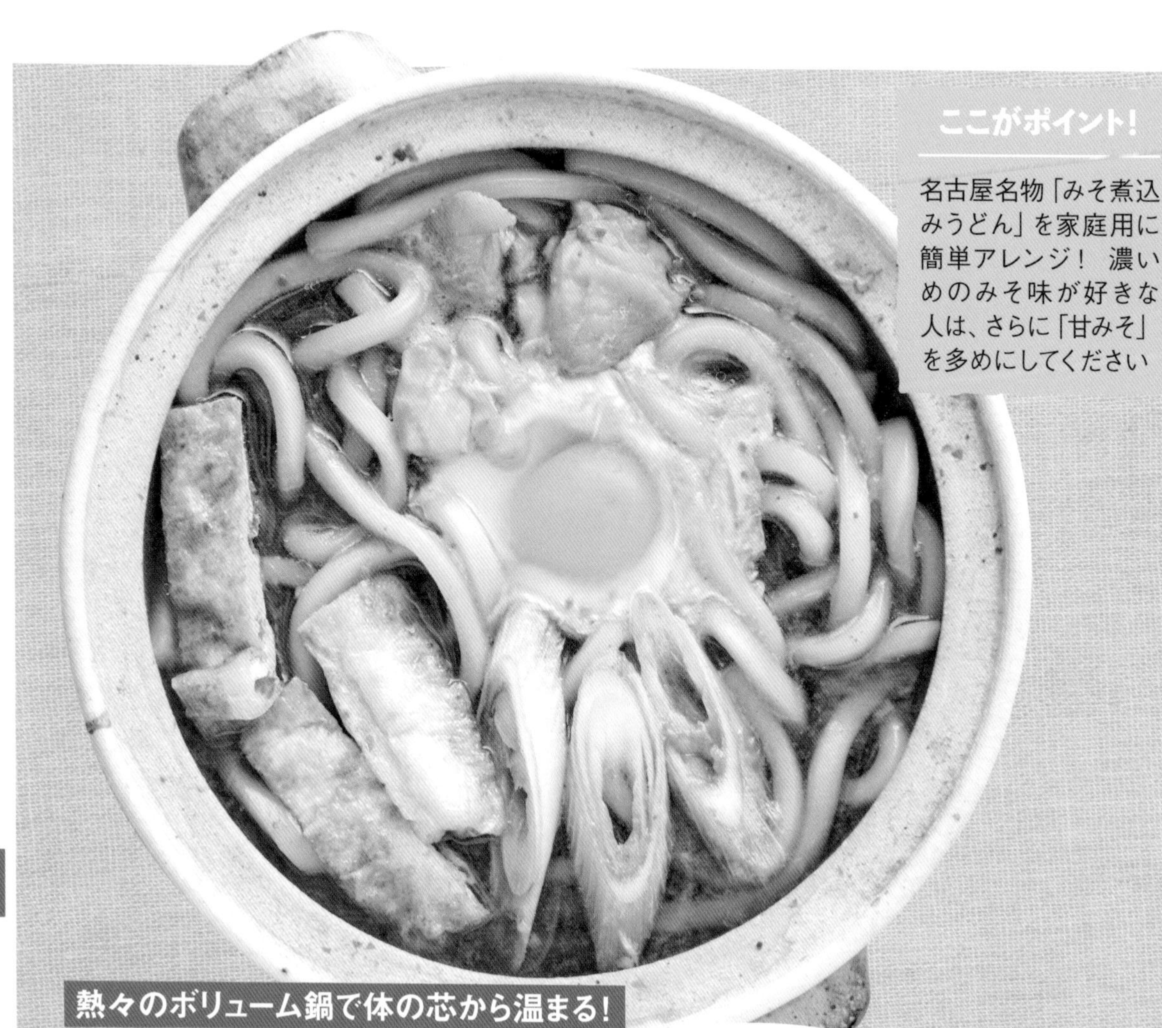

ここがポイント！

名古屋名物「みそ煮込みうどん」を家庭用に簡単アレンジ！ 濃いめのみそ味が好きな人は、さらに「甘みそ」を多めにしてください

熱々のボリューム鍋で体の芯から温まる！

コクうま！みそ煮込みうどん

手軽に家庭で楽しめる「みそ煮込みうどん」！

材料（1人分）

うどん……1玉
水……300 ～ 350ml（お好みで濃さを調節）
「和だし」……大さじ 1 ※作り方は 40 ページ参照
甘みそ…… 大さじ 1
かえし……小さじ 1
鶏もも肉……50g
長ネギ……適量
油揚げ……適量
卵……1個

作り方

1 土鍋に水、「和だし」と甘みそ、かえしを入れ、ひと煮立ちさせる。

2 うどんとひと口大に切った鶏肉、短冊切りにした油揚げを入れ、中火でしばらく煮込む。

3 斜め切りにした長ネギと卵を入れて、蓋をして火を止め、そのまま 1 分ほど蒸らす。

食欲がないときでも、どんどんいけちゃう！

さっぱりトマト酸辣湯（サンラータン）ラーメン

トマトの酸味が
スープのおいしさを引き立てる！

材料（2人分）

中華麺（生）……2袋
トマト……1個
たまねぎ……1/4個
きくらげ（水で戻したものまたは生）
……2枚
卵……1個
水……600ml
「リアルチキンコンソメの素」……適量
※作り方は74ページ参照
かえし……大さじ1
米酢……適量
塩……少々
ラー油……適宜

作り方

1 トマトは乱切りにし、たまねぎは薄切りにしておく。きくらげは細切りにする。

2 鍋に、水と「リアルチキンコンソメの素」を入れて火にかけ、トマト、たまねぎ、きくらげを入れて煮る。

3 **2**にかえしと米酢を入れて、塩で味をととのえる。溶き卵を入れ、ラー油をかける。

4 器に茹で上げた中華麺を入れ、熱々の**3**をかける。

ここがポイント！

「リアルチキンコンソメの素」は、無添加だから飽きないおいしさ！いろいろな料理に幅広く使える優れものです！

自前で作る焼きそばソースが絶品ポイント

味わいマイルド ソース焼きそば

酸味のおだやかなやさしい味
子どもにも大人気です！

材料（2人分）

焼きそば麺（ゆで）……２袋
キャベツ……４枚
豚バラ肉……80g
もやし……1/2 袋
ごま油……大さじ１
◉焼きそばソース ＊作りやすい分量
- ウスターソース……200ml
- 砂糖……大さじ1と1/2
- 片栗粉……小さじ４
- 甘酢……大さじ２

かつお節……適量
青のり……適量

作り方

1 焼きそばソースの材料を鍋に入れ、煮溶かしておく。

2 中華鍋にごま油を入れて強火で豚肉を炒める。細切りにしたキャベツともやしを入れて炒め、麺を入れ、袋の表示通りにほぐして炒める。焼きそばソース大さじ４で味をととのえる。

3 器に盛り付けて、かつお節と青のりをかける。お好みで紅しょうがを添える。

ここがポイント！

砂糖と「甘酢」を使って作る自家製ソースは、ウスターのツンとくるのが苦手な人でも大丈夫！ 余ったソースは冷蔵庫で1カ月保存できます

ここがポイント！

パンチを効かせたいときは、ラー油をかけてもOKです！

岩手の名物麺を、簡単アレンジ！

うどんの香ばしじゃじゃ麺

コクのあるあんでお腹も大満足！

材料（2人分）

うどん（乾麺）……200g
豚ひき肉……100g
たまねぎ……1/2個
にんにく（みじん切り）……1片
ごま油……大さじ1
◉A
甘みそ……大さじ4
みりん酒……大さじ1
しょうが（すりおろし）……小さじ1
香菜（パクチー）……適宜

作り方

1 たまねぎはみじん切りにしておく。
Aをボウルでよく混ぜておく。

2 フライパンにごま油とにんにくを入れ弱火にかけ、香りが出たら、中火にしてたまねぎを炒め、透き通ったら豚肉を入れて炒める。

3 **A**を**2**に入れて炒める。

4 うどんを茹でて、水気をよく切り、ごま油（分量外）を絡ませて、皿に盛り付ける。
うどんの上に**3**をのせ、香菜（パクチー）を散らす。

Column 02

日本人に欠かせない

発酵調味料「みそ」

「みそ」は、日本各地でその土地の気候風土や食文化に合ったものが造られています。マップのように、調味料の中でも地域性があるのが特徴です。
本書の「魔法の調味料」のうちのひとつ「甘みそ」は、みその中でも赤みそを使って作るのをおすすめしています。
赤みそと白みそはどちらも米みそですが、大豆の割合が多いほど、また熟成期間が長いほど濃く(赤く)なります。
「八丁みそ」は大豆だけで長期熟成したもの。「赤だしみそ」と呼ばれるのは豆みそと米みそを適量調合して造る「調合みそ」で、昆布やかつお節のだしなどを配合したものも「赤だし」と言うようになりました。
温暖な九州地方などでは麦みそが多く食べられていましたが、現在は麦麹と米麹を合わせて造る「麦米合わせみそ」が主流です。
「西京漬け」などに使用する「みそ床」は、米の配分が多い白みそがよく合います。なかでも甘口で上品な「西京みそ」がおすすめです。

《全国みそマップ》

出所：農林水産省HP「種類別日本全国味噌MAP」より

●「白みそ」と「西京みそ」の違い
43ページで紹介している「マジで簡単すぎる本格西京焼き」などにも使う「白みそ」は、麹歩合が多く、「発酵」ではなく、「糖化」させて造ります。熟成期間が短いのが特徴で、その分原料の良し悪しがそのまま反映されます。普通のみそとは味も香りも異なり、非常に甘口です。
製法、特徴の違いはないのですが、京都府内で造られていることや、製造過程、品質その他の条件をクリアしたものが「西京みそ」とされています。

●「八丁みそ」とは?
「豆みそ」のひとつ。もともとは徳川家康が生まれた岡崎城から八丁離れた豆みそ屋のものを指していました。伝統的な石積み製法で、木桶で長期熟成させて仕込むのが特徴です。
本書の「魔法の調味料」のひとつ「甘みそ」は、2年以上熟成させた「米みそ」で作るのがベストですが、手に入りにくい場合は、豆みそがおすすめです。78ページの「コクうま！ みそ煮込みうどん」などは、「八丁みそ」で作ると、よりコクが出ます。

第 8 章

酒好きのプロが、本気で考案!

＼お酒がすすむ!／

「減塩おつまみ」レシピ

食べたかったあの定番おつまみから、〆の絶品茶漬けまで!
素材の味わいを活かした小料理屋の味が、家庭で簡単に再現できます。
しかも体のことを考えて減塩でヘルシー。お酒好きにもうれしいレシピです。

ここがポイント!

だしをとったきざみ昆布を一緒に食べれば、食物繊維もとれて一石二鳥!
「カンタンゆず塩」(74ページ参照)をつけても、おいしくいただけます!

「甘酢ダレ」で、さっぱりいただく!

ゆず香る ヘルシー湯豆腐

だしのきざみ昆布も一緒に食べられる、体にやさしいお鍋

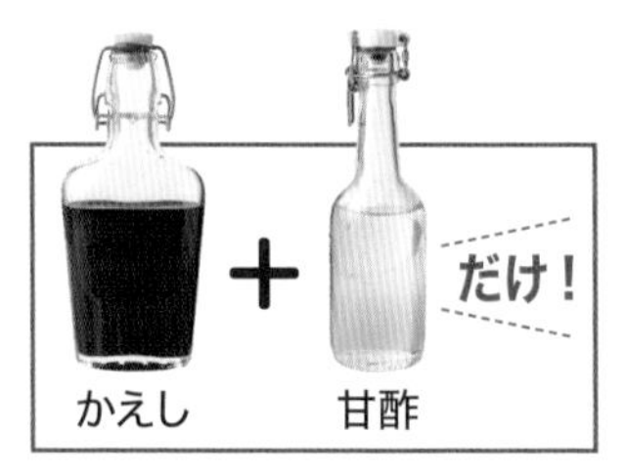

材料(1人分)

豆腐……1丁
きざみ昆布……適量
水……300ml
◉タレ
「フルーティーゆずポン酢」
※作り方は74ページ参照
◉薬味
万能ネギ(小口切り)……適宜
ゆずコショウ……適宜
ゆずの皮(千切り)……適宜

作り方

1 鍋に、水、きざみ昆布、6等分に切った豆腐を入れ、火にかける。
沸騰したら、火を止める。

2 豆腐の上に、ゆずの皮を散らす。
豆腐を薬味を入れたタレにつけて、昆布も一緒にいただく。

ここがポイント!

我が家のイチオシ定番おつまみ、まさに「鉄板」の酒の肴です!
手に入ればヤリイカがおすすめです。
ぜひ純米酒と一緒にどうぞ!

ふっくらしたイカに、「かえし」が香ばしい!

シンプルで美味!
史上最強のイカ焼き

文句なしに
日本酒と合う!

材料(2人分)

イカ(内臓を取ったもの)……1杯
かえし……適量
青ゆず……少々

作り方

1 イカは3cmの輪切りにする。

2 鍋にお湯を沸かし、イカをざるに入れてつける(時間がないときはお湯を回しかけてもOK)。
イカが白くなり、丸くパンと張ったらあげて、
フライパンに入れて中火でこげ目がつくまで焼き、
かえしを入れて絡める。

3 薄い輪切りにした青ゆずを添えて盛り付ける。

ここがポイント！

コンビニおでんの調理法を活用。あらかじめ凍らせておくことで、短時間で味がしっかりしみ込みます。だしに漬けた状態で冷凍保存もOK！

8

お酒がすすむ！「減塩おつまみ」レシピ

だしがしみた大根で、体も心もほっこり

味しみしみ ふろふき大根

驚きの「時短」おでん！

※冷凍する時間は除く

つくりおきOK！
冷凍：1カ月

材料（2人分）

大根……1/2 本
「和だし」……適量
※作り方は 40 ページ参照
◉みそダレ
甘みそ……大さじ2
甘酢……大さじ1

作り方

1. 大根は皮をむき、2cm の厚さの輪切りにする。ファスナー式の袋に大根と、大根がしっかりつかるほどの「和だし」を入れて、ひと晩冷凍しておく。
2. 冷凍のままだしごと袋から取り出し、鍋に入れて、大根が柔らかくなるまで 20 分くらい煮る。汁気が少なくなったら「和だし」を追加する。
3. 別の鍋にみそダレの材料を入れ、かき回しながら、つやが出るまで弱火で加熱しておく。
4. 器に大根を盛り付けて、みそダレをかける。

ここがポイント!

「みりん酒」を使えば、ふわふわの仕上がりになります!

絶対制覇しておきたい定番レシピ

料理上手のだし巻き卵

だし巻き卵をうまく作れれば
料理上手の仲間入り!

材料(2人分)

卵(L)……3個
「和だし」……60ml
※作り方は40ページ参照
みりん酒……大さじ1
塩……適量
油……適量
大根おろし……適量

作り方

1 ボウルに卵を割りほぐし、「和だし」、みりん酒、塩を入れて、よく混ぜる。

2 卵焼き器に油を多めにひき、余分な油を拭き取り、
中火で卵焼き器をよく温めてから、卵液を1/3量、流し入れる。
半熟になってきたら、フライ返しで卵焼き器の手前にまとめ、奥側に寄せる。

3 再び油をひき、あいている場所に残りの卵液の半量を、
まとめた卵の下にも入るように流し入れる。
半熟になってきたら、フライ返しで手前に巻き込み、奥側へ寄せる。

4 油をひき、残りの卵液を全量入れて、半熟になってきたら、フライ返しで
手前に巻き込んで、完成。器に盛り付けて、大根おろしを添える。

ここがポイント!

タコの代わりにイカ、アオヤギやホッキ貝などの貝類でもおいしいですよ!

「からし酢みそ」を覚えたら、和食上級者!?

タコときゅうりの定番コンビをアクセントの効いたみそで

小料理屋風 タコときゅうりのからし酢みそ

材料(2人分)

ゆでダコ……50g
きゅうり……1本
塩……ひとつまみ
◉酢みそ
西京みそ(または白みそ)……40g
甘酢……小さじ2
ねりからし……適量

作り方

1 ボウルに酢みその材料を入れて混ぜておく。きゅうりは薄い輪切りにして、塩をしてしばらくおき、水気を絞っておく。タコは食べやすい厚さにスライスする。

2 器にタコときゅうりを盛り付け、酢みそを添える。

ここがポイント!

だしにも具にもなるきざみ昆布は、常備しておくと便利。おすすめです!

昆布とかつお節のだしが体にしみわたる!

超あっさり
味わいだし茶漬け

だしのきざみ昆布が
食感のアクセントに

材料(1人分)

ごはん(温かいもの)……1杯分
きざみ昆布……適量
かつお節……適量
梅干し……1個
お湯……適量
★お茶漬けのお供(お好みで)
「だしとりあとの時短佃煮」(98ページ参照)、「絶品海苔の佃煮」(99ページ参照) などお好みのもの

作り方

1 温かいごはんの上に、きざみ昆布とかつお節、梅干しをのせる。

2 お湯をかけて、だしの昆布や「お茶漬けのお供」と一緒にいただく。

Column 03

料理の腕が上がる！

もっておくと便利な調理道具

「いい鍋」は、口福（幸福）を生む！

食材や調味料にこだわる人は多いと思いますが、第3の調味料は「鍋」ともいえます。
いい鍋を使うと、素材がおいしいまま保たれ、栄養の損失も少なくなります。値段が少々高めでも、食事の満足感がぐっと上がるので、こだわったほうが断然お得です!

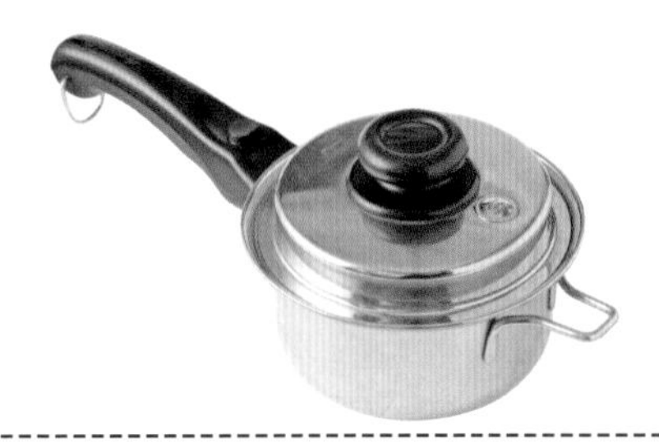

《いい鍋の条件》

❶化学反応が起こりにくいもの……アルミなどの酸に弱いもの、加熱して有害物質が出るものは避けましょう。

❷重い鍋で、蓋がしっかり閉まるもの……「無水調理」や「無油調理」が可能なものがいいでしょう。

❸耐久性が高いもの、長く使えるもの……気に入った鍋をよく考えて選び、一生モノとして使用しましょう。

料理がおいしくなる「よく切れる包丁」

料理をするとき、食材を最初に加工するのが包丁。
切れない包丁で切った食材は煮ても焼いても、火の入り方にバラつきが出てしまいます。
刺身やトマトなども、よく切れる包丁で切ると、ツヤが増し、余分な水分が出にくい=「おいしい」のです。
鋼の包丁は手入れが大変なので、ステンレス製で芯が鋼のものがおすすめです。

「あたり鉢」のススメ

すり鉢の「擂」は忌み言葉として避け、「あたり鉢」と呼ぶことも多いです。
あたり鉢は、ごまなどをするだけではなく、和え物や野菜とドレッシングを混ぜるときにも使います。絡みがとてもよく、ボウルで混ぜるよりもおいしくなります。

これぞテッパン！「鉄のフライパン」

鉄のフライパンは、耐久性抜群で手入れも簡単。ひとつもっておくと便利です。
選ぶポイントは「重さ」と「厚さ」。熱を均一に入れたいステーキなどには、「厚め」がおすすめです。
よく使い込んだフライパンは焦げ付きにくくなり、炒め物だけではなく、蒸し物、焼き物とオールマイティーに使えます。

あると便利！「漏斗」

液体や粉を口の小さい容器に移すときに使う道具で、円錐形の器具は、「じょうご」とも呼ばれます。ステンレス製、プラスティック製などがあります。
「かえし」や「甘酢」などはまとめて作り、液ダレしない容器にこれで移すと、使いやすくて便利です。

初心者におすすめ「キッチン温度計」

最近はガス台などに、時間や温度を設定できるものがありますが、揚げ物や蒸し物をする際に温度計を使うと、初心者でもわかりやすく失敗しづらいので、1本常備しておくと便利です。値段は少し高めですが、デジタルで防水のものがおすすめです。

第9章

料理のレパートリーが広がる!

手作り「だし旨酢」で ヘルシー料理がパパッと完成!

市販の「だし+お酢」の調味料が、「使える!」「料理の幅が広がる!」と人気です。
この章では、5つの「魔法の調味料」の番外編として、
無添加で作るオリジナル「だし旨酢」と、それを使った極うまレシピを紹介します。

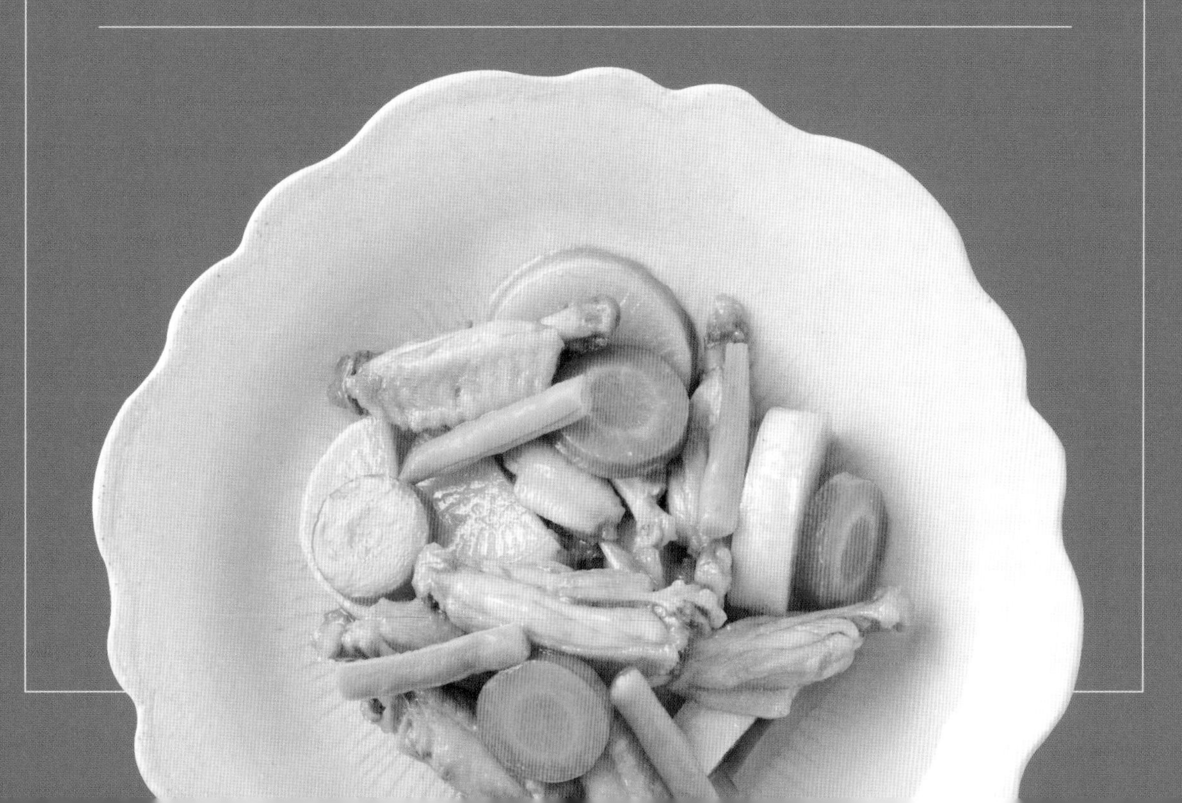

ここがポイント！

各食品メーカーが商品化しているだし入りの甘酢を、無添加で作ってみました。
つくりおきがおすすめです！

いろいろな料理に使える万能調味料！

司の「だし旨酢」

手作りで無添加だから
安心してたっぷり使える！

材料　＊作りやすい分量

◉A
甘酢……100ml
「和だし」……50ml
　※作り方は 40 ページ参照
しょうゆ……大さじ 1 と 1/3
レモン果汁……大さじ 2
塩……小さじ 1 と 2/3
かつお節……ひとつまみ

作り方

1 鍋に **A** の材料を入れて、ひと煮立ちさせる。かつお節を入れて、火を止める。

2 粗熱がとれたらざるでこして、容器に移し、冷蔵庫で保存する。

つくりおき
OK！
冷蔵：1カ月

ここがポイント!

ポン酢で煮込むのが定番ですが、「だし旨酢」を使うとよりマイルドに。お酢の効果で、鶏肉がふっくら仕上がります!

ふっくら柔らかな鶏肉がやさしい味わい

手羽中のふっくら だし旨酢煮

ポン酢の代わりに「だし旨酢」でOK!

25分

材料(2人分)

手羽中(手羽元でもOK)……8本
大根……4cm
にんじん……1/4本
水……100 ml
だし旨酢……100ml
しょうゆ……大さじ1
いんげん(さっと茹でたもの)……2本

作り方

1 大根は半月切り、にんじんは輪切りにする。

2 鍋に手羽中、大根、にんじん、水、だし旨酢、しょうゆを入れて蓋をして強火にかけ、沸騰したら弱火にして20分煮る。

3 野菜が柔らかくなったら、蓋をあけて強火にして煮汁を煮詰めて照りを出す。
器に盛り付けて、食べやすい大きさに切ったいんげんを飾る。

ここがポイント!

野菜を使って手軽に「もう一品」簡単にできます！「だし旨酢」を使うと、ひと味違った仕上がりになりますよ！

からしの効いた「だし旨酢」がお酒にも合います！
子ども向けにはねりからし抜きで作りましょう

野菜の苦手な子どもでも
モリモリ食べられる!

いつもの「ごま和え」にひと味、加えよう!

ほうれん草のごま酢和え

材料(2人分)

ほうれん草……1/2 束
だし旨酢……大さじ1
白すりごま……適量

作り方

1 お湯に塩(分量外)を入れてほうれん草を茹で、冷水にさらしたら水気を絞り、食べやすい大きさに切る。

2 だし旨酢、白すりごまを混ぜて **1** を和える。

9

手作り「だし旨酢」でヘルシー料理がパパッと完成!

ごま油を加えた中華風アレンジが新鮮!

なすの中華風からしダレ

さっと作れるから、
もう一品欲しいときに便利!

材料(2人分)

なす……2本
◉からしダレ
　だし旨酢……大さじ1
　ごま油……小さじ1
　ねりからし……適量
　長ネギ(きざんだもの)……3cm 分

作り方

1 なすはへたを切り落とし、縦半分に切り、縦方向の放射状に切っておく。

2 蒸し器になすを入れて5分蒸す。からしダレの材料を、ボウルに入れて混ぜておく。

3 器に盛り付けて、なすが熱いうちにからしダレをかける。

ここがポイント!

「だし旨酢」を使うと、いつもとはひと味違った風味豊かなカルパッチョになりますよ

「だし旨酢」を使った「和洋折衷」が新しい!

刺身のさっぱりカルパッチョ風

「だし旨酢」は
オリーブ油とも相性バツグン!

材料(2人分)

白身魚(鯛など)の刺身……2人分
ミニトマト……4個
◉ドレッシング
　だし旨酢……大さじ1
　オリーブ油……大さじ1
　黒コショウ……適量
パセリ(みじん切り)……適量

作り方

1 ミニトマトは4つ割りにする。

2 ボウルにドレッシングの材料を混ぜておく。

3 皿に刺身を並べ、ドレッシングをかける。ミニトマトを飾り、パセリを散らす。

第10章

まとめて作って、最高の副菜に！

「保存食と常備菜」レシピ

料理の付け合わせやトッピングに、「もう一品」というときにも大活躍する常備菜。
スキマ時間にさっと作れて、あると便利なものを一挙紹介します！
余りがちな食材も、最後までおいしくいただけるアイデアレシピです。

絶品!自家製「ごはんのお供」

ここがポイント!

だしをとったあとのかつお節と
昆布が、あっという間に大変身!

いままで捨てていた食材が驚きのおいしさに!

だしとりあとの時短佃煮

材料

40ページの「和だし」をとったあとの
昆布とかつお節……約10g
かえし……大さじ2
みりん……小さじ1
白炒りごま……適量

冷蔵で1カ月保存可能

作り方

1 だしをとったあとの昆布とかつお節を、鍋に入れる。
2 かえし、みりんを入れ、中火で混ぜながら5分程度水分を飛ばし、白炒りごまを混ぜて完成。
3 粗熱がとれたら保存容器に入れて、冷蔵庫で保存する。

10

「保存食と常備菜」レシピ

ここがポイント!

火を使わないで簡単に
あの高級ふりかけができます!

ごはんもお酒も止まらない!

お手軽ちりめん山椒

材料

ちりめんじゃこ(上乾)……30g
かえし……大さじ2
実山椒(水煮)……適量

※冷蔵庫におく
時間は除く

冷蔵で3カ月保存可能

作り方

1 ちりめんじゃこ、実山椒、かえしを混ぜてファスナー式の袋に入れ、全体をなじませ、空気を抜いて封をする。
2 冷蔵庫でひと晩おき、水分が多ければざるで水気を切る。バットの上にキッチンペーパーをしき、ちりめん山椒を広げる。
3 そのまま冷蔵庫でひと晩乾燥させて完成。

つくりおき
OK!

ここがポイント!

湿気った海苔が、
驚きのおいしさに!

市販品を超えるおいしさ

絶品海苔の佃煮

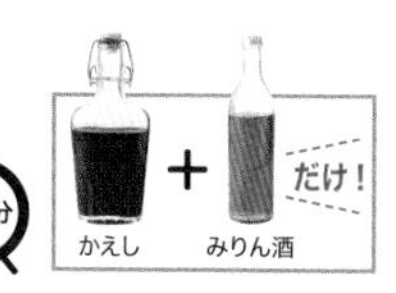

15分

冷蔵で
2週間保存可能

材料

焼き海苔(または味付け海苔)……5枚
酒……50ml　お湯……100ml
かえし……大さじ3　みりん酒……大さじ2

作り方

1 ボウルにお湯と酒を入れ、ちぎった海苔を浸す。
2 鍋に水気をぎゅっとしぼった海苔とかえしとみりん酒を入れ、強火でペースト状になるまで混ぜながら煮る。
水気が飛んで、ヘラで混ぜたときに鍋底が見えるようになったら、弱火にする。
3 水分がなくなり、海苔から泡が出始めたら火を止め、塩(分量外)で味をととのえる。
4 香りづけにかえし(分量外)を少量入れて完成。
粗熱がとれたら、保存容器に入れる。

ここがポイント!

天日に干さなくて
いいアイデアレシピ!

冷蔵庫で作れるのがうれしいごはんのお供

即席はりはり漬け

※乾燥させる時間と
寝かせる時間は除く

冷蔵で2週間保存可能

材料

大根……100g(3～4cm程度)
◉ひたし液
しょうゆ……大さじ2
甘酢……大さじ2

作り方

1 大根を皮付きのまま2mm程度の厚さのいちょう切りにする。
2 ボウルに**1**の大根を入れ、小さじ1程度の塩(分量外)をまぶし、10分ほど置く。
3 ざるにあげ、軽く水洗いしてバットに広げ、冷蔵庫で3日間乾燥させる。
4 **3**をファスナー式の袋に入れ、ひたし液の材料を合わせて大根が浸る程度加える。
5 ひと晩冷蔵庫に入れ、液を切って出来上がり。
お好みで白ごまをまぶすとおいしい。

料理を彩る「常備菜」

ここがポイント！

しょうがの風味がしっかり感じられる！ これも立派な一品です！

お寿司の付け合わせだけではもったいない！

手作り塩しょうが（ガリ）

材料

しょうが……100g
甘酢……適量
水……500ml
塩……大さじ1

※冷蔵庫におく時間は除く

冷蔵で1カ月保存可能

作り方

1 しょうがは皮をむいてできるだけ薄くスライスしておく。鍋に水と塩を入れ、沸騰したら、しょうがを入れて煮る。
2 ざるにあげて水気を切る。
3 粗熱がとれたら、ファスナー式の袋に移して、甘酢をひたひたになるまで入れる。
4 冷蔵庫でひと晩おいたら、水気を切る。

ここがポイント！

見た目も美しく、おせち料理にも使えます！

マイルドな酸味が大好評！

紅白ゆず大根

材料

大根……100g
にんじん……30g
冷凍ゆずの皮……適量
　※作り方は右ページ参照
きざみ昆布……適量
甘酢……適量

※冷蔵庫におく時間は除く

冷蔵で1週間保存可能

作り方

1 大根、にんじんはスライスし、食べやすい大きさに切る。
2 ファスナー式の袋に **1** と昆布、ゆずの皮を入れて、材料全体がつかる程度に甘酢を加え、空気を抜く。
3 そのまま冷蔵庫で20〜30分おいて完成。

ここがポイント!

捨てていた大根の葉の
活用法は、これがイチオシです!

菜飯にすると喜ばれる!

鮮やか大根葉

材料

大根葉……1本分
塩……大さじ2

冷凍で半年保存可能

作り方

1 1リットルの水を鍋に入れ、塩を大さじ2入れて沸騰させる。
2 大根葉は茎を取り除き、できるだけ細かいみじん切りにする。切った大根葉を柄付きざるに入れて鍋に入れ、再び沸騰するまでざるをゆする。
3 沸騰しはじめたら、鍋からざるをあげ、粗熱がとれたら水気をよく絞る。
4 フライパンを加熱し、大根葉を入れ、木べらで混ぜながら水気を飛ばす。パラパラになったら完成。

料理の仕上げに上品な香りをプラス

ゆずの皮の冷凍保存

材料

ゆず……適量

5分

冷凍で半年間保存可能

作り方

1 ゆずは包丁で白い部分をできるだけ避けながら薄く皮をむき、使いやすいように一部を細切りにする。大きめのものはすりおろし用にする。
2 バットにクッキングシートをしいて、くっつかないようにゆずの皮を並べ、冷凍する。
3 ファスナー式の袋に移し替えて、冷凍保存する。

腐りやすいしょうがは、コレでストックすればOK!

しょうがのスライス凍結

材料

しょうが……50g

冷凍で
3カ月保存可能

作り方

1 しょうがは皮つきのまま2〜3mm程度にスライスする。バットにクッキングシートをしいて、くっつかないように離して並べ冷凍する。
2 冷凍のまま袋に移し替えて、冷凍庫で保存する。
使いたい量だけ取り出して使用する。

凍ったまますりおろしても使用できます。凍らせることによりしょうがの繊維が壊れ、しょうが汁を絞りやすくなります

使いたい分だけさっと取り出せて便利!

冷凍皮付きにんにく

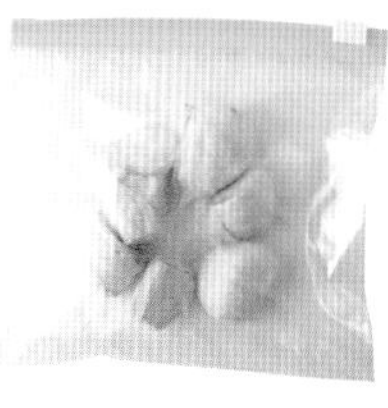

材料

にんにく……適量

冷凍で
半年保存可能

作り方

1 にんにくは1片ずつ分けて、すぐに使いやすいように上下を切り、皮付きのまま冷凍する。

おわりに

本当に「おいしい」と感じる料理は、人生を豊かにする

「原点」に立ち帰り、「食」の大切さに気づいてほしい

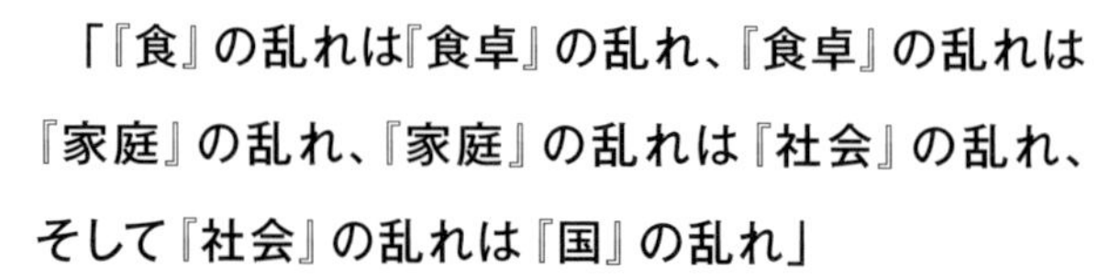

「『食』の乱れは『食卓』の乱れ、『食卓』の乱れは『家庭』の乱れ、『家庭』の乱れは『社会』の乱れ、そして『社会』の乱れは『国』の乱れ」

『食品の裏側』に私はこう書きました。いまもこの思いは変わることがありません。

日本の食品の中には「世界に輸出できないものも多い」という事実をご存じでしょうか。

たとえば、いわゆるだしの素やコンソメに広く使われている「たんぱく加水分解物」。これは、脱脂大豆などを塩酸で分解して、旨味の素を取り出したものです。

「たんぱく加水分解物」は日本では食品添加物として指定されておらず使用基準もありませんが、発がん性が疑われる「クロロプロパノール類」が含まれるとして、

諸外国では残留基準が設けられています。

そういうものを平気で使っているのが日本の加工食品の現状なのです。

さらに言うなら、「化学調味料」(うま味調味料)には、遺伝子組み換えの細菌が使われています。納豆やスナック菓子などの表示を見て「遺伝子組み換え食品」を避けている人でも、これは表示がなく、盲点となっているのではないでしょうか。

「日本の食」が崩壊している

『食品の裏側』は、たんに食品添加物の危険性を指摘した本ではありません。あの本で私が最も訴えたかったこと、それは**「日本の食が崩壊している」**という、まさにそのことです。

本は爆発的に売れましたが、あれから15年経って、日本の食が安心・安全にシフトしてきたかというと、まったくそんなことはない。**ますます崩壊の一途をたどっているの**と言わざるを得ません。

「はじめに」でも書いたように、家庭ではますます手作りが敬遠され、コンビニや持ち帰りの弁当、出来合いの惣菜がもてはやされています。コンビニのオリジナルブランドのレトルトの惣菜は、一大ヒット商品となりました。新型コロナの影響で「家での食事」が増えるにつれて、この傾向はますます顕著になりつつあります。

ネットで拡散される「時短レシピ」の多くは、「〇〇の素」を使って電子レンジでチンするものばかり。

その電子レンジ調理も、「食器」を使うのではなく「ジッパー付き保存袋」だというのですから驚きます。ジッパー付き保存袋も、近ごろはちゃんと「自立するタイプ」があって、そのまま食べれば「食器要らず」だというのです。

知人の料理研究家によると、**人気料理研究家の教室でもだしの素やコンソメを使わないと、なかなか生徒が集まらない**そうです。

本書のレシピ制作を手伝ってくれたタカコナカムラさんのような、だしの素を使わない料理家は少数になってしまっています。

「料理の専門家が、発がん性物質、遺伝子組み換えの細菌でできただしの素、化学調味料を広めてどうするのか」と、「食のプロ」のみなさん一人ひとりに問いかけたい思いでいっぱいです。

「便利な食品」の裏側にあるマジック

『食品の裏側』にも書いたことですが、「便利な食品」には、次のような「マジック」が隠されています。

- ☑ 安い(→材料がそれなり、工業用調味料で大量生産される画一的な味)
- ☑ おいしい(→大量の油分・塩分・糖分、化学調味料や各種のエキス類)
- ☑ 簡単、便利、チンするだけ(→保存料、レトルト、冷凍食品)
- ☑ 見た目がきれい(→着色料、発色剤、ツヤ出し剤)

食品添加物を使えば、いかようにも「便利で」「おいしく」「見た目のいい」食品が「安く」作り出せるのです。

これらの食品添加物を多用した「加工食品」を食べつづけるとどうなるのでしょうか。

2018年フランス、パリ13大学の研究論文データによれば、「超加工食品」の摂りすぎは、がんのリスクを増大させると結論づけられています。

加工食品ばかりに頼りすぎることで、自分だけではなく、大切な家族まで健康リスクを抱えてしまうかもしれないのです。

なによりこれらの食品は「ニセモノの味」でしかありません。**本当の素材のおいしさ、調理の技で引き出された「ホンモノの味」**はそこには存在しません。

では、何を食べればいいのか。**最も信用できるのはやはり、その土地に住む民族が風土・気候の中で生き抜くために、何百年もの歳月をかけて培ってきた「伝統食」**だと私は思います。

言ってみれば**何百年の時をかけた「壮大な人体実験」**なわけで、**これほど安全性が証明されたものもない**と思います。

「和食」が見直されるべきときが来た

日本における伝統食、それは**言うまでもなく「和食」**です。

四季折々の食材を大切にし、それらを活かして調理する「和食」は、免疫力を高め、健康な体を作ることにもつながると言われています。**「野菜がたっぷり」**な

のも、和食の大きなメリットです。日本のように野菜の種類が多い国は、ほかにあまりないそうです。

コロナ禍において「食生活の見直し」が重要な課題のひとつとなっているなか、**いまこそ和食のすばらしさが再評価されるべき**だと思います。そして「和食」のすばらしさは日本人のみならず、この先、世界中の人にますます拡散されていくのではないでしょうか。

私自身の日々の食事も、一汁三菜の「和食」が基本です。毎食、旬の有機野菜を5品ほど取り入れ、玄米菜食を心がけています。

これを20年間続けていますが、この間、**風邪ひとつひいたことがありません**。「今日は別のものが食べたいな」と思ったこともありません。

日本人というのは「和食」に遺伝子レベルで反応するものではないでしょうか。

実際、講演会や食育のイベントなどで、子どもたちがみそ汁や伝統的な調味料で味付けした野菜やひじき、切り干し大根をモリモリ食べる姿を見るにつけ、**「和食」こそが日本人のDNAに刷り込まれた、大切な食文化**であることを実感させられます。

子どもの舌は敏感です。食品添加物や化学調味料を使った食品を日常的に食べてきた子どもでも、ひとたび「ホンモノの味」に慣れれば「こっちのほうがおいしい」と必ず言います。

とはいえ、食品添加物の「濃い味」に慣れている子どもは（大人もですが）、いきなり変えると「味が薄い、おいしくない」と言いだします。**だしの素は少しずつ減らしていくのがコツ**です。

少々値が張っても
「安心・安全な食べ物」が食べたい！

20年ほど前から、私はJAS有機野菜の判定員をしています。

そこで見たのは、土に這いつくばって必死で育てた野菜が売れずに、泣く泣く有機農法をやめていく農家の人たちでした。

多くの人の知らないところで、日本の伝統的な製造方法を守り、職人の勘や経験で造りつづけたみそやしょうゆの蔵元も、どんどん潰れていっています。

大量生産向きに改良された種子や農薬に頼った野菜、食品添加物を使って工業的に短期間で生産される調味料は、たしかに「安くて」「便利」です。時間をかけて丁寧に作られる食材が、それらに取って代わられてしまっているのです。

「これではいかん！」と、非常に強い危機感をもった私は、講演の折に、有機野菜や伝統調味料のメリットを訴えたり、専用の講座を開いたりしました。すると、そこで会う8割ほどの人が、**「少々高くても、安心・安全な野菜や調味料が欲しい」**と言うのです。

しかしその一方で、**「でも、それらを使って『手作り』するのは時間がないし面倒……」**という人も多く、それが**多くのみなさんの本音**なのではないでしょうか。

それに対する答えが本書です。**「時短、簡単・便利、そして安心・安全」をすべてあわせ持った、私の48年間の集大成が、本書で紹介したレシピ**です。

値段の面でも、野菜や基本的な調味料を使って手作りをすれば、**意外と安くあ**

がるものです。**有機野菜を使って手作りしたほうが、出来合いの惣菜を買ってくるよりも安い**ことも少なくないのです。

「非効率」にこそ「家庭の味」がある

「時短、簡単・便利、そして安心・安全」が叶う5つの「魔法の調味料」ですが、それを作るのさえ手間に感じる、作って数日寝かせることさえ面倒……という声もあるかもしれません。たしかに「手軽さ」の面では、チンして封を切るだけのレトルト惣菜にはかないません。

しかし、だまされたと思って一度、作ってみてください。5つの「魔法の調味料」の中で、ひとつだけ作ってみるとしたら、**まずは「かえし」からはじめてみる**のをおすすめします。112ページの「調味料別さくいん」を見ていただけるとわかりますが、「かえし」を用意するだけでも、じつに多くの料理が作れるからです。

子どもが「おいしい！」と笑顔になれば、手間を手間と感じなくなり、「もっと作ろう」とモチベーションが上がるものです。**感動すれば面倒くささはなくなり、料理が楽しくなる**のです。

そしてこの食生活をはじめたら、もう元の「○○の素」には戻れません。

なんでもかんでも合理化、時短の時代です。でも**「非効率」にこそ家庭の味、家庭料理のよさがある**のです。

最後に……

本書は私が15年かけて、走り書きのように書きなぐった膨大な数のメモが元となっていますが、これを本にするために力強くアシストしてくれたのが、私のよき理解者である料理家のタカコ ナカムラさんです。

絶妙なアレンジや盛り付けの工夫などは、タカコ ナカムラさんのアイデアが盛り込まれています。心より感謝申し上げます。

丁寧な食事を心がけると、家族の健康や心の豊かさに大きく変化があらわれます。**忙しい毎日だからこそ、ひと工夫して食の大切さに気づいてほしい**のです。

この本がそんなきっかけになれば、心からうれしく思います。

2021年8月　安部 司

安部さんが15年以上書き溜めた
膨大な手書きのレシピメモ

「和食」を愛する心を育む

安部司さんと私の共通の願いのひとつ、それが**「自分で料理を作ってほしい」**ということです。

司さんは、長年、食品添加物の危険性を訴えてきました。

食品添加物を避けたいならば、自分で料理を作ることがいちばん。

それが無添加食生活への近道です。

「簡単」で「便利」で「安価」、そのうえ「安全」などというのは、市場に出回っているものにはまずありません。

「安いもの」には“理由”があり、「高いもの」にも“わけ”があるのです。

そして司さんと私の行き着いたところが、この**5つの「魔法の調味料」**です。

これさえあれば、**簡単で便利で、安価で、安全、そして何より、とびきり「おいしい」という最高の付加価値**がついてきます。

私もはじめは、「みりん酒も、甘みそも、たまねぎ酢も不要ではないか」と思っていました。

それぞれ、調理中に材料を合わせて作ることは、手間ではないと思っていたからです。

でも、司さんの言うとおり、**作って常備してみると、「あら、便利だわ」と気づいた**のです。

私は割烹料理店に生まれ育ち、子どものころから「和食」が大好き。

「和食」ほど日本人の食や暮らしに添ったものはないと思ってきました。

毎日、ごはんとみそ汁と卵でも飽きることがありません。

「飽きない＝カラダに合っている」ということだと思います。

いまその「和食」が若い世代に受け入れられず、消滅してしまうのではないか、という危機感を覚えています。

「和食＝手間がかかる」ということはありません。

板前さんが作る日本料理と家庭料理がメディアを通じ、ごちゃまぜになり、「和食」のハードルが上がってしまっているように思います。

疲れたとき、心が折れそうになったとき、一杯のみそ汁が、どれほどカラダの隅々の細胞までしみ渡り、癒してくれることか――。

５つの「魔法の調味料」は、料理の手間を省いてくれて、「和食」をずっと身近なものにしてくれます。

もっと気軽に、生活の中に溶け込む「和食」を、次の世代へつないでいけることを願って。

2021年8月　タカコ ナカムラ

調味料別さくいん

かえし だけで作れる!

みりん酒 だけで作れる!

甘酢 だけで作れる!

甘みそ だけで作れる!

たまねぎ酢 だけで作れる!

かえし+みりん酒 だけで作れる!

甘みそ＋みりん酒 だけで作れる!

たまねぎ酢＋かえし だけで作れる!

かえし＋甘酢 だけで作れる!

かえし＋甘みそ だけで作れる!

たまねぎ酢＋甘みそ だけで作れる!

甘みそ＋甘酢 だけで作れる!

たまねぎ酢＋甘酢 だけで作れる!

たまねぎ酢＋みりん酒 だけで作れる!

かえし＋甘みそ＋みりん酒 だけで作れる!

かえし＋甘酢＋みりん酒 だけで作れる!

甘酢＋たまねぎ酢＋かえし だけで作れる!

たまねぎ酢＋甘みそ＋かえし だけで作れる！

司の「だし旨酢」（甘酢アレンジレシピ） だけで作れる！

その他（だし・保存食など）

食材別さくいん

肉・肉加工品

魚介類

野菜類

キノコ類

果物

乾物・その他

【著者紹介】
安部　司（あべ　つかさ）
1951年、福岡県の農家に生まれる。山口大学文理学部化学科を卒業後、総合商社食品課に勤務する。退職後は、海外での食品の開発輸入や、無添加食品等の開発、伝統食品の復活に取り組んでいる。
NPO熊本県有機農業研究会JAS判定員、経済産業省水質第一種公害防止管理者を務めつつ、食品製造関係工業所有権(特許)4件を取得。開発した商品は300品目以上。一般社団法人加工食品診断士協会の代表理事。
2005年に上梓した『食品の裏側 みんな大好きな食品添加物』(東洋経済新報社)は、食品添加物の現状や食生活の危機を訴え、新聞、雑誌、テレビにも取り上げられるなど大きな反響を呼んだ。現在70万部を突破するベストセラーとなり、中国、台湾、韓国でも翻訳出版されている。その他の著書に『なにを食べたらいいの？』(新潮社)、『食品の裏側2 実態編 やっぱり大好き食品添加物』(東洋経済新報社)、『「安心な食品」の見分け方 どっちがいいか、徹底ガイド』(祥伝社)などがある。

【料理者紹介】
タカコ ナカムラ
山口県山陽小野田市割烹料理店に生まれる。京都産業大学経営学部卒業。
アメリカ遊学後に「Whole Food」の概念を発案。安全な食と暮らしと農業、環境をまるごと考えるホールフードを提唱する。
1989年、自然素材のお菓子ブラウンライスを創業。2003年、表参道に「ブラウンライスカフェ」オープン、ホールフードスクール開校。2006年に独立し、「タカコナカムラホールフードスクール」開校。2008年、一般社団法人ホールフード協会(https://whole-food.jp)を設立、代表理事。2011年に大田区洗足池を本拠地としてキッチンスタジオを開設し、ホールフードを発信。
料理家としては、「50℃洗い」「ベジブロス」「塩麹」「スーパーフード」などの食のトレンドをつくり発信。安全な食材やオーガニックの食材を使っての健康的な料理レシピ開発、発酵食レシピ開発には定評がある。
安部司氏とは20年来の親交があり、家庭で料理を作ること、和食の復興をめざしている。パートナーは、イタリア料理店の名店「リストランテ　アクアパッツア」(https://acqua-pazza.jp)オーナーシェフの日髙良実氏。

【協力】
タカコナカムラホールフードスクール

【料理アシスタント】
木内康代／門之園知子

【撮影協力】
UTUWA（Tel 03-6447-0070）

世界一美味しい「プロの手抜き和食」安部ごはん ベスト102レシピ
「食品のプロ」が15年かけて考案！「魔法の調味料」で本気の時短！しかも無添加102品！

2021年9月9日　第1刷発行
2024年9月16日　第11刷発行

著　者――安部　司
料　理――タカコ ナカムラ
発行者――田北浩章
発行所――東洋経済新報社
〒103-8345　東京都中央区日本橋本石町 1-2-1
電話＝東洋経済コールセンター　03(6386)1040
https://toyokeizai.net/

ブックデザイン……櫻井愛子
撮　影…………佳川奈央
スタイリング………二野宮友紀子
DTP…………アイランドコレクション
印　刷…………ベクトル印刷
製　本…………ナショナル製本
校　正…………佐藤真由美／加藤義廣
編集協力………新井円
編集アシスト……髙橋扶美／Saki
編集担当………中里有吾／田中順子
　ISBN 978-4-492-04693-7